Yannick Schneider

Das Urheberrecht in der digitalen Gesellschaft

Wie entwickelt sich das Urheberrecht in Deutschland und in Europa?

Bibliografische Information der Deutschen Nationalbibliothek:

Die Deutsche Nationalbibliothek verzeichnet diese Publikation in der Deutschen Nationalbibliografie; detaillierte bibliografische Daten sind im Internet über http://dnb.d-nb.de abrufbar.

Impressum:

Copyright © Studylab

Ein Imprint der Open Publishing GmbH

Druck und Bindung: Books on Demand GmbH, Norderstedt, Germany

Coverbild: Open Publishing GmbH | Freepik.com | Flaticon.com | ei8htz

Inhaltsverzeichnis

Abkürzungsverzeichnis 4

1 Einleitung 5

2 Entstehung und Geschichte des Urheberrechts 7

3 Das Urheberrecht – Allgemeines und Grundlagen 8

    3.1 Das Werk 10

    3.2 Der Urheber 11

    3.3 Inhalte des Urheberrechts 12

    3.4 Verwandte Schutzrechte und Schutz ausübender Künstler 14

    3.5 Gesetzliche und zeitliche Schranken des Urheberrechts 15

4 Urheberrechtsverletzung 17

    4.1 Gesetzliche Ansprüche 17

    4.2 Urheberstrafrecht 19

5 Urheberrecht im Internet 21

    5.1 Urheberrechtlich geschützte Werke im Internet 22

    5.2 Urheberrechtsverletzungen im Internet 27

    5.3 Schranken des Urheberrechts im Internet 33

    5.4 Soziale Medien und soziale Netzwerke 37

    5.5 Streaming im Internet 40

6 Entwicklung des Urheberrechts 48

    6.1 Urheberrechtsreformen in Deutschland 48

    6.2 Aktuelle Entwicklungen in Deutschland 50

    6.3 Aktuelle Entwicklungen in Europa 52

7 Fazit 56

Literaturverzeichnis: 59

Abkürzungsverzeichnis

Abs.	Absatz
AGB	Allgemeine Geschäftsbedingungen
Art.	Artikel
BGB	Bürgerliches Gesetzbuch
BGH	Bundesgerichtshof
bzw.	beziehungsweise
EU	Europäische Union
EuGH	Europäischer Gerichtshof
f.	folgend
ff.	die folgenden
GEMA	Gesellschaft für musikalische Aufführungs- und mechanische Vervielfältigungsrechte
GG	Grundgesetz
i. S. d.	im Sinne des
i. V. m.	in Verbindung mit
KunstUrhG	Kunsturhebergesetz
RL	Richtlinie
S.	Satz
StPO	Strafprozessordnung
u.a.	unter anderem
UrhG	Gesetz über Urheberrecht und verwandte Schutzrechte
UrhWissG	Gesetz zur Angleichung des Urheberrechts an die aktuellen Erfordernisse der Wissensgesellschaft
UrhR	Urheberrecht
UrhRil	Urheberrechtsrichtlinie
VGG	Verwertungsgesellschaftsgesetz
VerlG	Verlagsgesetz
z.B.	zum Beispiel

1 Einleitung

Wir befinden uns im Zeitalter der Digitalisierung, technische Errungenschaften wie das Internet sind aus unserem alltäglichen Leben nicht mehr wegzudenken. Viele Dinge des Alltags können heutzutage über das Internet abgehandelt werden, über die Kommunikation bis hin zum Einkauf, in unserer digitalen Gesellschaft scheinen keine Grenzen oder Einschränkungen mehr zu existieren. Längst beherrscht das Internet dabei einen Großteil unserer privaten und beruflichen Lebensbereiche.[1]

Das Urheberrecht in Deutschland ist dabei eine Gesetzesvorschrift, die immer wieder zum Berührungspunkt in unserer heutigen digitalen Welt wird, es ist allgegenwärtig und bestimmt und regelt das Handeln, besonders im Internet. Mit der technologischen Entwicklung rückt das Urheberrechtsgesetz immer mehr in den Mittelpunkt, der weltweite Zugriff aus Daten und Informationen durch das Internet erfordert Schutzmechanismen, handelt es sich doch bei urheberrechtlich geschützten Werken und Produkten um wichtige kulturelle Werte unserer Gesellschaft. Alltäglich finden, auch bedingt durch die Digitalisierung, Urheberrechtsverletzungen in unserer Gesellschaft statt. Dabei machen die verschiedenen Gesetzesvorschriften keinen Unterschied in Bezug auf das verwendete Medium: Verstöße gegen das Urheberrecht oder Verletzungen des Urheberrechts im Internet werden genauso behandelt wie Urheberrechtverstöße und Urheberrechtsverletzungen außerhalb des Internets.[2]

In dieser wissenschaftlichen Arbeit soll die Stellung und die Rolle des Urheberrechts in unserer digitalen Gesellschaft herauszuarbeitet und benannt werden. An vielen Stellen missachten und verletzen Personen das Urheberrecht, ohne es zu wissen, an anderen Stellen wird das Urheberrecht bewusst umgangen oder missbraucht. Die Digitalisierung und ihr stärkstes Instrument, das Internet, haben für einen deutlichen schnelleren Informations- und Datenaustausch gesorgt. Selbst heute, im Jahr 2017, ist unsere digitale Entwicklung noch lange nicht abgeschlossen. Da das Thema der Urheberrechtsverletzung sowie das Urheberrecht in Verbindung mit dem digitalen Fortschritt ein aktuelles und sehr interessantes Thema

---

1   Vgl. Eichhorn, Bert, Heinze, Björn, Tamm, Gerrit und Schuhmann, Ralph, Internetrecht im E-Commerce, Springer-Vieweg Verlag, Berlin und Heidelberg 2016, Vorwort.

2   Vgl. Hetmank, Sven, Internetrecht – Grundlagen, Streitfragen, aktuelle Entwicklungen, Springer Fachmedien, Wiesbaden 2016, S. 1.

ist, kam es letztendlich zu der Themenauswahl für diese Bachelor-Thesis. Jüngste aktuelle Entwicklungen in der Rechtsprechung verdeutlichen die Aktualität und Wichtigkeit des Urheberrechts im Zusammenhang mit der einhergehenden Digitalisierung. Im Laufe dieser Arbeit wird daher auch auf aktuelle Urteile und Rechtsprechungen eingegangen werden, die sich mit dem Urheberrecht im Zusammenhang mit dem Internet beschäftigen. Beginnen wird die Thesis mit der Gesetzesvorschrift des Urheberrechtes im Allgemeinen, dabei wird auf alle Einzelheiten und Besonderheiten Bezug genommen. Später wird auch aufgezeigt werden, wo das Urheberrecht überall eine Rolle spielt, den Mitgliedern der Gesellschaft begegnet und wer dabei direkt von den Gesetzesvorschriften betroffen ist. Anhand von Beispielen im Bereich der Digitalisierung soll die Bedeutung des Urheberrechts deutlich gemacht werden.

Das Ziel dieser wissenschaftlichen Arbeit ist, die Schwierigkeiten, die Stellung, Risiken und Chancen des Urheberrechts in unserer digitalen Gesellschaft herauszuarbeiten und einzuordnen. Die digitale Gesellschaft als Untersuchungsgegenstand ist dabei die Gesellschaft im Zuge der Digitalisierung, mit den technischen Neuerungen und Entwicklungen, welche in den letzten Jahren in das alltägliche Leben und das Umfeld der Bürgerinnen und Bürger in Deutschland, sowie weltweit, Einzug gehalten haben. Wo überall begegnen Mitglieder der Gesellschaft heutzutage dem Urheberrecht? Inwieweit werden die Gesetzesvorschriften geachtet und wo stößt das Urheberrecht auf seine Grenzen? Wo liegt für Nutzer im Internet das Risiko in Verbindung mit dem Urheberrecht und welche Folgen und Konsequenzen hat eine Verletzung der Gesetzesvorschriften? Können die Gesetzesvorschriften Schritt halten mit der technischen Entwicklung und Digitalisierung?

2 Entstehung und Geschichte des Urheberrechts

Erste theoretische Anfänge über eigentumsähnliche Rechte an geistigen Errungenschaften gab es bereits im 18. Jahrhundert, im so genannten Statute of Anne, einem englischen Gesetz von 1710, wurden erstmalig Vervielfältigungsrechte von Autoren, welche diese an Verleger abtraten, rechtlich definiert.[3] Auch in den Vereinigten Staaten, Frankreich und Preußen gab es zu dieser Zeit ähnliche erste Rechtsvorschriften zum Thema des geistigen Eigentums. Mit dem Beschluss über das Welturheberrechtsabkommen am 6. September 1952 in Genf gab es eine erste weltweite Regelung zum Schutz der Urheberrechte, in Folge dessen wurde in Deutschland am 9. September 1965 das noch heute gültige Gesetz über Urheberrecht und verwandte Schutzrechte (UrhG) erlassen und trat zum 1. Januar 1966 in Kraft.[4] Das Urheberrecht in Deutschland setzt sich schwerpunktmäßig aus dem Urheberrechtsgesetz (UrhG) aus dem Jahre 1965, sowie dem Verwertungsgesellschaftsgesetz (VGG) und dem Verlagsgesetz (VerlG) zusammen. Dabei stellt das Urheberrecht das Gegenstück zum gewerblichen Rechtsschutz, wie dem Patent- und Markenrecht, dar.

---

[3] Vgl. Gehring, Robert, Geschichte des Urheberrechts, Bundeszentrale für politische Bildung, Bonn 2013, unter:
http://www.bpb.de/gesellschaft/medien/urheberrecht/169977/geschichte-des-urheberrechts

[4] Vgl. Gehring, Robert, Geschichte des Urheberrechts, Bundeszentrale für politische Bildung, Bonn 2013, unter:
http://www.bpb.de/gesellschaft/medien/urheberrecht/169977/geschichte-des-urheberrechts

3 Das Urheberrecht – Allgemeines und Grundlagen

Die wesentlichen Inhalte und Bestimmungen des Urheberrechts definiert das Gesetz über Urheberrecht und verwandte Schutzrechte (UrhG). Es beinhaltet dabei neben den privatrechtlichen Normen auch einige strafrechtliche Bestimmungen (Urheberstrafrecht). Das Urheberrecht selbst gehört dem Privatrecht an, welches die Rechtsbeziehungen zwischen Privatpersonen innerhalb des deutschen Staates untereinander regelt und bestimmt. Durch die Zugehörigkeit zum Privatrecht kommen im Urheberrecht auch immer die allgemeinen Regeln des Bürgerlichen Gesetzbuches (BGB) zum Tragen, doch auch weitere Rechtsvorschriften, wie das Verlagsgesetz (VerlG) oder das Kunsturhebergesetzt (KunstUrhG) sind neben dem UrhG selbst mitentscheidend. Das Urheberrecht ist in einen persönlichkeitsrechtlichen und einem verwertungsrechtlichen Bestandteil aufgegliedert.

Der Grundgedanke und Gegenstand des Urheberrechts ist der Schutz der Urheber von Werken der Literatur, Wissenschaft und Kunst[5]. Dieser Schutz umfasst dabei nicht nur die persönlichkeitsrechtlichen Interessen des Urhebers, sondern darüber hinaus auch die persönliche und besondere Beziehung eines Urhebers zu seinem geschaffenen Werk. Dieses ist auch ein Ausdruck seiner Persönlichkeit und nicht nur bloßes Produkt des Urhebers. Das Urheberrecht bezeichnet also das subjektive und absolute Recht auf den Schutz geistigen Eigentums in ideeller und materieller Hinsicht. Es werden allerdings nicht nur die Rechte des Urhebers selbst geschützt, auch weitere Personen, welche an der Verwertung des Werkes beteiligt sind, können als Inhaber so genannter verwandter Schutzrechte diesen Schutz für sich beanspruchen.

Der Urheber eines Werkes möchte verhindern, dass Dritte sein Werk entstellen (vgl. § 14 UrhG). Gleichzeitig ist der Urheber häufig daran interessiert, dass sein Werk wirtschaftlich verwertet wird. Besonders Autoren oder Maler verdienen ihren Lebensunterhalt mit ihren Werken und sind daher auf eine wirtschaftliche Verwertung angewiesen. Beispiele hierfür sind: die Veröffentlichung eines Buches über einen Verlag oder die Aufführung und Verfilmung eines Werkes. Der Urheber kann den an der Verwertung beteiligten Personengruppen (Verlage, Filmfirmen, Filmproduzenten oder Plattenfirmen) die Nutzungsrechte an seinem Werk ein-

---

[5] Vgl. § 1 Gesetz über Urheberrecht und verwandte Schutzrechte (Urheberrechtsgesetz – kurz UrhG) i. d. F. der Bekanntmachung v. 09.09.1965 (BGB1. I S 1273). Geändert durch Gesetz vom 01.09.2017 (BGB1. I S. 3346)

räumen (§ 31 UrhG). Dem zugrundeliegend ist ein wesentliches Ziel des Urheberrechts, den jeweiligen Schöpfer des Werkes an der wirtschaftlichen Nutzung seines Werkes zu beteiligen (§ 11 S. 2 UrhG). Darüber hinaus schützt die Rechtsnorm den Urheber auch dadurch, dass AGB-Bestimmungen der entsprechenden Verwertungsunternehmen (Film- und Plattenfirmen oder Musikveranstalter) als rechtlich unwirksam erklärt werden können, sollten diese AGBs eine zu geringe Beteiligung des Urhebers aus der Verwertung beinhalten. In solchen Fällen kann der benachteiligte Urheber auf einer Änderung des Nutzungsvertrages bestehen (§ 31 S. 3 UrhG). Gleichzeitig ist in § 32 UrhG geregelt, dass der Urheber für die Einräumung von Nutzungsrechten und die Erlaubnis zur Werknutzung einen Anspruch auf eine Vergütung besitzt. Sollte die Höhe der Vergütung nicht festgelegt sein, so gilt eine „angemessene Vergütung" als bestimmt. Ein weiterer wichtiger Bestandteil in diesem Zusammenhang ist der so genannte „Bestsellerparagraf" nach § 32a UrhG. In diesem ist festgelegt, sollte sich das Werk eines Urhebers wider Erwarten als ein Bestseller herausstellen, dann besteht ein Anspruch auf eine weitere Beteiligung seitens des Urhebers, sollte seine bisher erhaltene Vergütung nicht mehr im Verhältnis zwischen den Erträgen des Urhebers und den Vorteilen aus der Nutzung seines Werkes stehen. Schlussendlich verfolgt das Urheberrecht auch das Interesse der Allgemeinheit und muss dieses mit den Interessen der Urheber in Einklang bringen. Zwar kann der Urheber grundsätzlich frei mit seinem Werk verfahren und darüber entscheiden, allerdings sind ihm dort, wo das Interesse der Allgemeinheit deutlich überwiegt, Grenzen gesetzt. Der Urheber kann zwar verhindern, dass sein Werk ohne seine Einwilligung öffentlich wiedergegeben und verbreitet wird, allerdings dürfen andere Personen auf sein bereits veröffentlichtes Werk Bezug nehmen und daraus zitieren. Das Urheberrecht findet sich auch in der deutschen Verfassung wieder, namentlich im Grundrechtskatalog des Grundgesetzes (GG). Dabei ist der persönlichkeitsrechtliche Bestandteil des Urheberrechtes in dem allgemeinen Persönlichkeitsrecht aus dem Art. 2 Abs. 1 „Jeder hat das Recht auf die freie Entfaltung seiner Persönlichkeit, soweit er nicht die Rechte anderer verletzt und nicht gegen die verfassungsmäßige Ordnung oder das Sittengesetz verstößt" in Verbindung mit Art. 1 Abs. 1 „Die Würde des Menschen ist unantastbar. Sie zu achten und zu schützen ist Verpflichtung aller staatlichen Gewalt"[6] wiederzufinden, während der verwertungsrechtliche Bestandteil auf Art. 14 GG und die Eigentumsgarantie zurückzuführen ist.

---

[6]   Vgl. § 1 und § 2 Grundgesetz für die Bundesrepublik Deutschland (GG) i. d. F. der Bekannt-

3.1 Das Werk

Ein Werk ist nach § 2 Abs. 2 UrhG eine persönliche geistige Schöpfung. Allerdings ist dabei das Werk vom Werkstück zu unterscheiden. Das Werkstück stellt lediglich die verkörperlichte Form eines Werkes dar.

Das Werkstück ist normalerweise frei verkäuflich, das Werk selbst dagegen kann nicht verkauft werden. Schutzobjekt durch das Urheberrecht ist daher immer das Werk und nicht das Werkstück. Ein Werk muss vier Voraussetzungen erfüllen, um den urheberrechtlichen Schutz genießen zu können:

1. persönliche Schöpfung
2. geistige Schöpfung
3. wahrnehmbare Formgestalt
4. Ausdruck der Persönlichkeit des Schöpfers

Zuallererst darf das Werk nicht rein maschinell erstellt worden sein, sondern muss von Menschenhand persönlich geschaffen worden sein, bei der Erzeugung des Werkes sind jedoch technische Hilfsmittel wie Werkzeug oder eine Kamera für die Erstellung eines Fotos unproblematisch, solange die menschliche Leistung weiterhin im Vordergrund steht[7].

Die zweite Voraussetzung für den Schutz des Urheberrechtes gemäß § 2 Abs. 2 UrhG, ist die Tatsache, dass es sich um eine geistige Schöpfung handelt, also keine gedankenlose oder rein mechanisch erstellte Sache. Die dritte Schutzvoraussetzung der wahrnehmbaren Gestalt besagt, dass nur die Idee bzw. der Gedanke für ein Werk selbst nicht geschützt werden kann. In dem Moment, wo es jedoch durch Äußerung oder schriftliches Festhalten den menschlichen Sinnen zugänglich gemacht wird, ist es vom Urheberrecht geschützt. Sobald ein Werk also tatsächlich wahrgenommen werden kann, eine wahrnehmbare Formgestalt annimmt, kann es geschützt werden.[8]   Als vierte, letzte und zentrale Voraussetzung für den urheberrechtlichen Schutz, muss der Schöpfer in dem Werk seine Persönlichkeit zum Ausdruck bringen. Nur wenn eine persönliche Beziehung zwischen Schöpfer und Werk zu erkennen ist, greift auch der Schutz durch das Urhe-

---

machung v. 23.05.1949 (BGB1. S. 1). Geändert durch Artikel 1 des Gesetzes vom 13.07.2017 (BGB1. I S. 2347)

[7] Vgl. Wandtke / Bullinger, Praxiskommentar zum Urheberrecht, § 2 Rn. 15

[8] Vgl. Wandtke / Bullinger, Praxiskommentar zum Urheberrecht, § 2 Rn. 18

berrecht. Denn der Hauptzweck des Urheberrechtes ist der Schutz der persönlichen Beziehung des Schöpfers zu seinem Werk.

Kann eine Schöpfung durch die vier genannten Voraussetzungen als Werk definiert werden, so steht sie unter dem Schutz des Urheberrechts. Dieser Schutz gilt für ein Werk im Ganzen, aber auch Teile eines Werkes sind insoweit geschützt, solange sie Ausdruck der Persönlichkeit und Individualität des Urhebers sind. Also genießen nur individuelle Züge eines Werkes urheberrechtlichen Schutz.

Vom Schutz gänzlich ausgeschlossen sind sogenanntes freies Gemeingut, bloße Ideen oder auch wissenschaftliche Theorien. Genau so wenig kann eine bestimmte Methode oder ein bestimmter Stil schutzfähig sein.[9] Dies bedeutet, dass bei unterschiedlichen Werkschöpfungen die gleiche Methode benutzt werden kann, ohne dass das Urheberrecht dies untersagt. Eine bestimmte Aufnahmetechnik eines Films oder ein bestimmter Stil beim Malen eines Bildes stehen demzufolge nicht unter urheberrechtlichen Schutz und können für die Erstellung eines neuen Werkes beliebig verwendet werden.

3.2 Der Urheber

Gemäß § 7 UrhG ist der Urheber der Schöpfer eines Werkes. Urheber kann nur eine natürliche Person, also ein Mensch sein, ausgeschlossen sind somit alle juristischen Personen, wie ein Wirtschaftsunternehmen oder ein Verein.[10] Wird ein Werk von mehreren Personen gemeinsam geschaffen, handelt es sich hierbei um Miturheber (§ 8 UrhG). Alle Entscheidungen, welche die Verwertung des Werkes betreffen, müssen dann gemeinsam von ihnen getroffen werden. Die Dauer des urheberrechtlichen Schutzes wird dabei anhand des am längsten lebenden Miturhebers bestimmt (§ 65 UrhG).

Wenn ein Werk von einer Person, die in einem Arbeits- oder Dienstverhältnis steht, geschaffen wird, dann ist immer der Arbeitnehmer als tatsächlicher Werkschöpfer der Urheber und nicht sein Arbeitgeber (§ 43 UrhG).

Haben mehrere Urheber ihre eigentlich einzeln verwertbaren Werke zu einer gemeinsamen Verwertung zusammengeschlossen, definiert § 9 UrhG dies als eine Werkverbindung. Der urheberrechtliche Schutz ist bei Werkverbindungen für je-

---

9   Vgl. Wandtke / Bulinger, Praxiskommentar zum Urheberrecht, § 2 Rn. 39
10   Vgl. Wandtke / Bullinger, Praxiskommentar zum Urheberrecht, § 7 Rn. 3

des der verbundenen Werke einzeln zu bestimmen. Ein Beispiel für die Werkverbindung ist das Zusammenführen von Liedtext und Melodie für einen Song, jeder der Urheber kann dabei von dem anderen die Einwilligung für die wirtschaftliche Verwertung verlangen.

3.3 Inhalte des Urheberrechts

Das Urheberrecht setzt sich aus zwei wesentlichen Bestandteilen zusammen, dabei umfasst es sowohl persönlichkeitsrechtlich als auch verwertungsrechtliche Aspekte, welche klar voneinander zu trennen sind. Eine kurze Übersicht und Abgrenzung der Inhalte des Urheberrechts soll verdeutlichen, inwieweit sich beide Aspekte in welchen Rechten genau definieren.

3.3.1 Schutz der persönlichkeitsrechtlichen Interessen

Der Schutz der persönlichkeitsrechtlichen Interessen ist dabei einer der beiden großen Bestandteile des Urheberrechtes, die folgend aufgeführten Rechte dienen vor allem dem Schutz der Person des Urhebers selbst und nicht seinen wirtschaftlichen Interessen. Das Veröffentlichungsrecht nach § 12 UrhG beinhaltet, dass nur der Urheber allein entscheidet, ob und zu welchem Zeitpunkt sein Werk für die Öffentlichkeit zugänglich gemacht wird. Zusätzlich ist in § 13 UrhG festgehalten, dass dem Urheber eine Garantie für seine Urheberschaft eingeräumt wird, er kann frei bestimmen, ob sein bürgerlicher Name, ein Künstlername oder ein Pseudonym als Urheberbezeichnung verwendet wird.

Die Veröffentlichung seines Werkes sowie die Verwertung einer Bearbeitung sind nach § 23 UrhG nur nach Einwilligung durch den Urheber durchzuführen. Hat eine solche Bearbeitung des Werkes eine Störung der persönlichen oder geistigen Interessen des Urhebers zur Folge, so kann er dieser widersprechen und gemäß § 14 UrhG sogar verbieten. Der Besitzer des Nutzungsrechts darf zudem das Werk, den Namen des Werkes oder die Urheberbezeichnung selbst nicht ändern, außer es ist mit dem Urheber anders vereinbart (§ 39 UrhG).

Selbst diese eingeräumten Nutzungsrechte gegenüber einem Dritten an seinem Werk kann der Urheber durch § 42 UrhG widerrufen. Auch eine Übertragung von Nutzungsrechten des Besitzers an weitere Personen bedarf gemäß § 34 Abs. 1 UrhG immer zuerst der Zustimmung des Urhebers selbst. Einzige Ausnahme bildet hier eine Nutzungsübertragung im Zusammenhang einer Veräußerung eines Unternehmens oder Teilen davon, hierbei ist keine Zustimmung des Urhebers notwendig (§ 34 Abs. 3 UrhG).

3.3.2 Schutz der verwertungsrechtlichen Interessen

Der Schutz der verwertungsrechtlichen Interessen ist die zweite große Komponente des Urheberrechts. Diese Interessen verweisen auf die wirtschaftliche Verwertung des Werkes, welche zunächst ausschließlich dem Urheber selbst zusteht. Er kann sein Werk vervielfältigen und darf dafür gemäß § 16 UrhG sein Vervielfältigungsrecht einsetzen. Eine Vervielfältigung im Sinne des UrhG ist dabei jede körperliche Anlage des Werkes, durch welche das Werk für menschliche Sinne zugänglich und wahrnehmbar gemacht wird.[11] So ist bereits die Digitalisierung von Material durch Scannen oder Speicherung auf einem Server eine Vervielfältigung. Ebenfalls kann eine Vervielfältigung beim Abruf von Daten von einem Server zustande kommen, oder durch einen Download oder auch das Ausdrucken in Form einer Hardcopy. Werden Daten durch Zwischenspeichern im Arbeitsspeicher oder Cache des Computers zum Sichtbarmachen auf dem Bildschirm vervielfältigt (u.a. beim Browsing im Internet), ist es laut § 44a UrhG unter bestimmten Bedingungen kein Eingriff in das Vervielfältigungsrecht. Wenn solche sogenannte Zwischenspeicherprozesse für den jeweiligen technischen Prozess unabdingbar sind, für keinen anderen Zweck gemacht werden, einen rechtmäßigen Gebrauch des Werkes erst ermöglichen und keine eigenständige wirtschaftliche Bedeutung haben, sind sie nach § 44a UrhG zulässig.

Darüber hinaus ermöglicht dem Urheber das Verbreitungsrecht nach § 17 UrhG, sein Werk im Original oder Vervielfältigungsstücke davon der Öffentlichkeit anzubieten oder in den wirtschaftlichen Verkehr zu bringen. Dabei geht es ausschließlich um die körperliche Verbreitung, was bedeutet, dass die Rechtsnorm des § 17 im Falle einer reinen Datenübermittlung nicht greift.[12]

Ein weiteres Verwertungsrecht des Urheberrechtes ist die Bearbeitung nach § 23 UrhG, ein Werk darf laut dieser Rechtsnorm auch ohne die Zustimmung des Urhebers bearbeitet werden, Ausnahme hiervon bildet die Software (§ 69c Nr. 2 UrhG). Einer Zustimmung des Urhebers bedarf es also nur für die Veröffentlichung oder Verwertung seines Werkes. So können beispielsweise Texte oder Bilder aufgrund einer optischen Speicherung oder im Zuge von Digitalisierung bearbeitet bzw. umgestaltet werden. In § 23 S. 2 UrhG sind die Ausnahmen dabei auf-

---

[11] Vgl. Schricker / Loewenheim, Kommentar zum Urheberrecht, §16 Rn. 5
[12] Vgl. Schricker / Loewenheim, Kommentar zum Urheberrecht, §17 Rn. 5

gelistet, bei welchen bereits die Bearbeitung eine Zustimmung des Urhebers bedingt.

Die verschiedenen Möglichkeiten, mit denen ein Urheber sein Werk öffentlich darbieten kann, sind in § 19 UrhG über das Vortragsrecht, Aufführungsrecht und Vorführungsrecht aufgeführt. Dabei kommt im Zuge der Digitalisierung in der heutigen Zeit dem Recht der öffentlichen Zugänglichmachung nach § 19a UrhG eine besondere Bedeutung zu. Die Veröffentlichung eines geschützten Werkes im Internet stellt dabei einen Eingriff in das Recht der öffentlichen Zugänglichmachung dar. Auch durch das Senderecht gemäß § 20 UrhG wird ein Werk durch Ton- und Fernsehrundfunk der Öffentlichkeit zugänglich gemacht.

3.4 Verwandte Schutzrechte und Schutz ausübender Künstler

Neben dem Urheberrecht selbst gibt es verwandte Schutzrechte, sogenannte Leistungsschutzrechte, welche bestimmte Personen, ähnlich einem Urheber, schützen, obwohl diese kein Werk im Sinne des UrhG geschaffen haben. Nach § 70 UrhG sind so zum Beispiel ungeschützte antike Werke oder antike Texte bei Herausgabe geschützt, da es sich um wissenschaftliche Ausgaben handelt. Es wurde kein Werk geschaffen, doch da eine wissenschaftliche Forschungsleistung hinter der Herausgabe steht, genießt diese urheberrechtlichen Schutz. Ähnliches gilt gemäß § 71 UrhG bei nachgelassenen Werken, welche urheberrechtlich nicht mehr geschützt sind. Ist ein solches Werk noch nicht erschienen, so besitzt nur derjenige, der das Werk erstmals öffentlich wiedergibt, das ausschließliche Verwertungsrecht. Auch Lichtbilder, welche aufgrund fehlender Individualität kein Werk im Sinne des UrhG darstellen, sind gemäß § 72 UrhG dennoch geschützt. Als Grundlage für den Schutz dient hier die technische Leistung, zu den geschützten Lichtbildern zählen Fotos aller Art, Satellitenaufnahmen, Fotokopien und Röntgenbilder. Bei computergenerierten Bildern hingegen ist strittig, ob diese auch unter den Schutz von § 72 UrhG fallen. Ebenfalls geschützt durch ein Leistungsschutzrecht gemäß §§ 87a – 87e UrhG sind Datenbankhersteller, dies geht mit den hohen Investitionen, die für die Erstellung einer Datenbank nötig sind, einher.

Auch so genannte ausübende Künstler sind Nutznießer dieser Leistungsschutzrechte. Der ausübende Künstler ist in § 73 UrhG definiert, vor allem Schauspieler, Tänzer, Sänger und Musiker sind hiervon betroffen. Der Schutz der ausübenden Künstler beschränkt sich nicht nur auf den verwertungsrechtlichen Aspekt, da in der Darbietung und Darstellung der Künstler auch ihre Persönlichkeit zum Ausdruck kommt. § 74 UrhG beinhaltet das Recht der ausübenden Künstler, als ausübender Künstler einer Darbietung anerkannt zu werden, parallel zur Anerkennung des Urhebers als Urheber eines Werkes. Darüber hinaus gibt § 75 UrhG dem ausführenden Künstler das Recht, eine Entstellung oder Beeinträchtigung seiner Darbietung zu untersagen, sollte diese seinen Ruf als Künstler gefährden. Der Schutz ausübender Künstler als Leistungsschutzrecht ist für den Kulturbetrieb von großer Bedeutung, der Schutz der persönlichkeitsrechtlichen Interessen der Künstler endet stets mit deren Tod. Die Schutzdauer endet gemäß § 76 UrhG fünfzig Jahre nach der Darbietung, falls die Darbietung zum Zeitpunkt des Todes bereits länger als fünfzig Jahre zurückliegt. Ähnlich wie der Urheber kann der ausübende Künstler seine persönlichkeitsrechtlichen Rechte grundsätzlich nicht übertragen, wohl aber über seine verwertungsrechtlichen Rechte frei verfügen (§ 79 UrhG). Dazu gehören gemäß § 77 UrhG das Recht zur Aufnahme, Vervielfältigung und Verbreitung der Darstellung. Außerdem gemäß § 78 UrhG das Recht, die Darbietung öffentlich, zum Beispiel über Bildschirme oder Lautsprecher, wiederzugeben. Dabei können die Verwertungsrechte neben dem Künstler selbst auch dem Veranstalter zustehen (§ 81 UrhG), die Dauer der Verwertungsrechte betragen für den ausübenden Künstler fünfzig Jahre, für den Veranstalter fünfundzwanzig Jahre. Die jeweilige Schutzdauer wird dabei ab dem Erscheinen des Ton- oder Bildträgers bzw. der öffentlichen Wiedergabe der Darbietung berechnet. Die Schranken des Urheberrechts gelten gemäß § 83 UrhG entsprechend auch für die Verwertungsrechte des ausübenden Künstlers.

3.5 Gesetzliche und zeitliche Schranken des Urheberrechts

Das Urheberrecht ist ein absolutes Recht und wirkt somit gegen jedermann, dennoch unterliegt es dabei sowohl zeitlichen, wie auch inhaltlichen Schranken.[13] Die zeitliche Schranke des Urheberrechts ergibt sich durch die befristete Schutzdauer, das Urheberrecht endet siebzig Jahre nach dem Tod des Urhebers (§ 64 UrhG). Bei einer Miturheberschaft beginnt die Schutzdauer gemäß § 65 UrhG mit dem Ableben des Längstlebenden Miturhebers zu laufen. Dabei enthält Absatz 2 des § 65 UrhG eine besondere Regelung für Filmwerke: Ist der Urheber des Werkes unbekannt, so verliert das Urheberrecht siebzig Jahre nach der Veröffentlichung an

---

[13] Vgl. Bareiss, Andreas und Decker, Pascal, Urheber- und Geschmacksmusterrecht, 4. Auflage 03/2016 (Studienheft Nr. 088), DIPLOMA Hochschule, Bad Sooden-Allendorf, S. 23.

Gültigkeit. Wird ein anonymes Werk nicht veröffentlicht, so endet das Urheberrecht siebzig Jahre nach der Schaffung dieses Werkes (§ 66 UrhG).

Die inhaltlichen Schranken im Urheberrecht regeln die §§ 44a – 63 UrhG. Gemäß § 45 UrhG ist es Gerichten und Behörden gestattet, Fotos und Bilder im Sinne der Rechtspflege und der öffentlichen Sicherheit zu veröffentlichen und verbreiten, wie z.B. Fahndungsfotos, obwohl eine Fotografie als Werk eigentlich urheberrechtlich geschützt ist. Eine solche entsprechende Vervielfältigung und Verbreitung von Werken im geringen Umfang, z.B. Kopien oder Auszügen aus Büchern, ist dabei auch für den Kirchen-, Schul- und Unterrichtsgebrauch möglich und zulässig. Vollständig ungeschützt sind gemäß § 5 UrhG sämtliche amtlichen Werke wie Gesetze und Verordnungen, oder amtliche Erlasse. Diese können frei von jedermann genutzt werden. Ebenso verhält es sich für einzelne Zeitungsartikel oder Rundfunkkommentare, hierbei ist jedoch eine freie Nutzung nur gegen Zahlung einer angemessenen Vergütung erlaubt (§ 49 UrhG). In diesem Zusammenhang dürfen im Interesse der Kunst- und Informationsfreiheit gemäß § 48 UrhG öffentlich gehaltene Reden, welche sich auf das Tagesgeschehen beziehen, im Regelfall vervielfältigt und verbreitet werden. Ebenfalls zulässig ist es, Werke komplett oder teilweise zu zitieren (§ 51 UrhG), da nur so die Möglichkeit besteht, sich mit dem Werk unmittelbar auseinander zu setzen, sei es durch eine Kritik, eine Erläuterung in Form von Sekundärliteratur oder eine Veranschaulichung in Form einer Dokumentation.

Das Urheberrecht ist nicht übertragbar, der Urheber kann lediglich Nutzungsrechte gemäß §§ 29 Abs. 2, 31 UrhG einräumen. Beim Ableben des Urhebers geht das Urheberrecht als Ganzes auf seine Erben über, welche dann darüber frei verfügen und es auch übertragen können.

4 Urheberrechtsverletzung

Bei einer Verwertung eines urheberrechtlich geschützten Werkes ohne die Zustimmung des Urhebers liegt in der Regel eine Urheberrechtsverletzung vor. Zunächst einmal könnten allgemeine zivilrechtliche Schadensersatzansprüche aus Vertragsverletzung gemäß § 280 BGB greifen, sollte zwischen dem Urheber und dem Verletzenden ein Vertrag bestehen. Wurden die vorher vertraglich ausgehandelten Bedingungen nicht eingehalten, kann der Urheber Schadensersatz nach den allgemeinen Regeln des BGB verlangen. Ist keine vertragliche Bindung zustande gekommen, gelten die gesetzlichen Ansprüche des Urhebergesetzes bei einer Verletzung gegen das Urheberrecht oder ein verwandtes Schutzrecht. Der Anspruch kann dabei aufgrund einer Verletzung des Persönlichkeitsrechts des Urhebers oder Leistungsschutzberechtigten begründet werden, beispielsweise bei einer Entstellung seines Werkes (§ 14 UrhG). Ebenfalls bedeutsam sind in diesem Zusammenhang Verletzungen von Nutzungsrechten, werden Vervielfältigungsstücke (Kopien) eines Werkes ohne Einwilligung des Urhebers erstellt, kann dieser die gesetzlichen Ansprüche nach §§ 97 ff. UrhG geltend machen.

4.1 Gesetzliche Ansprüche

Grundsätzlich besitzen Urheber oder Leistungsschutzberechtige vier gesetzliche Ansprüche auf Grundlage des Urheberrechtsgesetzes:

1. Unterlassungsanspruch
2. Beseitigungsanspruch
3. Ersatz des materiellen Schadens
4. Ersatz des immateriellen Schadens

4.1.1 Unterlassungsanspruch

Bei Verletzung des Urheberrechts oder eines ihm verwandten Schutzrechtes, kann der Urheber gemäß § 97 Abs. 1 S. 1 UrhG auf Unterlassung der Beeinträchtigung klagen. Dabei ist der Anspruch auf Unterlassung wiederum an vier Voraussetzungen gebunden: Erstens muss eine Rechtsverletzung festgestellt werden und vorliegen, diese kann dabei sowohl persönlichkeitsrechtliche als auch verwertungsrechtliche Aspekte aufweisen. Zweitens muss diese Rechtsverletzung widderrechtlich sein, darf also keinen Rechtfertigungsgrund, wie z.B. Notwehr gemäß § 227 BGB, Notstand gemäß § 228 BGB oder die rechtfertigende Einwilligung des Urhebers vorweisen. Drittens muss eine Wiederholungsgefahr für die vorliegende

Rechtsverletzung vorliegen. Viertens und letztens muss eine Abmahnung gemäß UrhG vorliegen, diese soll demjenigen, der das Urheberrecht verletzt hat, vor Einleitung eines gerichtlichen Verfahrens die Möglichkeit einräumen, den Rechtsstreit durch Abgabe einer Unterlassungsverpflichtung beizulegen. In der Praxis erfolgt die Abmahnung regelmäßig durch einen Vertreter des Urhebers, wie einen Rechtsanwalt. Die Abmahnung muss gemäß § 97a Abs. 2 UrhG dabei den Namen oder Firma des Urhebers bzw. seines Vertreters enthalten, die Rechtsverletzung genau aufzeigen und bezeichnen, geltend gemachte Zahlungsansprüche in Schadensersatz- und Aufwendungsersatzansprüche aufteilen und bei Aufforderung zur Abgabe einer Unterlassungsverpflichtung genau aufzeigen, inwiefern die vorgeschlagene Unterlassungsverpflichtung über die abgemahnte Rechtsverletzung hinausgeht. Erst nach erfolgloser Abmahnung und einer weiterhin bestehenden Wiederholungsgefahr kann der Urheber auf Unterlassung der Beeinträchtigung klagen und seinen Unterlassungsanspruch geltend machen.

4.1.2 Beseitigungsanspruch

Dauert die Beeinträchtigung in Form einer Urheberrechtsverletzung auch nach Unterlassung weiter an, kann der Urheber bzw. Verletzte auf Beseitigung der Beeinträchtigung gemäß § 97 Abs. 1 S. 1 UrhG klagen. Ein Beseitigungsanspruch greift beispielsweise bei der Entstellung oder Veränderung eines Werkes, da die bloße Unterlassung der Störung dem Urheber an dieser Stelle nicht hilft, da sein Werk bereits entstellt und verändert worden ist. Ein besonderer Fall des Beseitigungsanspruches ist dabei der Vernichtungsanspruch gemäß § 98 Abs. 1 UrhG. Laut dieser Rechtsnorm kann der Verletzte verlangen, dass sämtliche rechtswidrig hergestellten verbreiteten oder zur rechtswidrigen Verbreitung bestimmten Vervielfältigungsstücke vernichtet werden.

4.1.3 Ersatz des materiellen und immateriellen Schadens

Ein weiterer gesetzlicher Anspruch des Urhebers bzw. Verletzten bei einer Urheberrechtsverletzung ist der Ersatz des materiellen sowie möglicherweise auch immateriellen Schadens. Handelt der Verletzende vorsätzlich oder zumindest fahrlässig gemäß § 276 Abs. 2 BGB, hat der Urheber bzw. Verletzte einen Anspruch auf Ersatz des ihm durch die Verletzungshandlung entstandenen Schadens (§ 97 Abs. 1 S. 1 UrhG). Jeder, der die Absicht hegt, ein fremdes Werk nutzen zu wollen, steht dabei in einer Prüfungs- und Erkundungspflicht.[14] Beim Vorliegen einer solchen Rechtsverletzung hat der Verletzte laut Rechtsprechung die Wahl, ob er sich gemäß § 97 Abs. 2 S. 1 UrhG den konkreten Schaden ersetzen lässt oder auf die Herausgabe des erzielten Gewinns gemäß § 97 Abs. 2 S. 2 UrhG besteht, welcher durch die Urheberrechtsverletzung entstanden ist. Es ist folglich eine Entscheidung von Einzelfall zu Einzelfall, welche Art des Schadensersatzes konkret vorliegt und für welchen sich der verletzte Urheber entscheidet. Während der materielle Schadensersatz dabei leicht zu beziffern und konkret zu bestimmen ist, verhält es sich mit dem immateriellen Schadensersatz deutlich komplizierter. Dieser ist von seelischer bzw. geistiger Natur und ihm geht immer eine schwerwiegende und nachhaltige Verletzung der persönlichkeitsrechtlichen Interessen voraus. Aufgrund der Schwierigkeit, diesen immateriellen Schaden exakt zu bestimmen, wird er häufig von dem jeweiligen Gericht geschätzt. Nicht zuletzt dadurch, dass es sich hierbei immer um emotionale Beeinträchtigungen handelt, ist eine objektive Bewertung des Schadens nur schwer möglich.

4.2 Urheberstrafrecht

Die §§ 106 ff. UrhG beinhalten das so genannte Urheberstrafrecht, welches bei bestimmten Verletzungen der urheberrechtlich geschützten Rechte strafrechtliche Sanktionen vorsieht. Aufgrund einer unerlaubten Verwertung eines urheberrechtlich geschützten Werkes, also einer Vervielfältigung, Verbreitung oder unerlaubten öffentlichen Wiedergabe, kann gemäß § 106 Abs. 1 UrhG gegenüber dem Verletzer eine Freiheitsstrafe von bis zu drei Jahren oder eine Geldstrafe verhängt werden. Dabei ist es gemäß § 107 UrhG ebenfalls eine Straftat, wenn eine unzulässige und unrichtige Urheberbezeichnung auf dem Werkoriginal oder auf einem Vervielfältigungsstück angebracht wird oder Eingriffe in verwandte Schutzrechte ausgeübt werden (§ 108 Abs. 1 UrhG). Dabei definiert besonders § 108b UrhG die Umgehung von Schutzmaßnahmen urheberrechtlich geschützter Werke als Straftat. Eingeführt wurde diese Norm durch das Gesetz zur Regelung des Urheberrechts in der Informationsgesellschaft vom 10. September 2003, es soll die Rechte des Urhebers schon im Vorfeld schützen.[15] Bei gewerbsmäßigem Handeln des Täters bei solchen Rechtsverstößen droht ein erhöhtes Strafmaß von einer Frei-

---

14   Vgl. Wandtke / Bullinger, Praxiskommentar zum Urheberrecht, § 97 Rn. 48

15   Vgl. Hilgendorf, Eric und Valerius, Brian, Computer- und Internetstrafrecht – Ein Grundriss, 2. Auflage, Springer Verlag, Berlin und Heidelberg, 2012, S. 206

heitsstrafe bis zu fünf Jahre oder Geldstrafe. Gewerbsmäßig handelt dabei immer derjenige, welcher sich durch wiederholtes strafrechtliches Handeln eine fortdauernde Einnahmequelle von gewisser Dauer und gewissen Umfang sichern will. Stellt der Urheber oder der Antragsberechtigte, also derjenige, der zum Zeitpunkt der Urheberrechtsverletzung Inhaber des betroffenen Rechts ist, keinen Strafantrag, wird die Tat nicht weiter verfolgt (§ 109 UrhG). Liegt also kein Strafantrag vor, verfolgen die Strafverfolgungsbehörden eine Tat der Urheberrechtsverletzung in der Regel nur dann weiter, wenn ein besonderes öffentliches Interesse daran vorzuweisen ist. Dieses liegt regelmäßig nur dann vor, wenn der Täter gemäß § 108a und §108b Abs. 3 UrhG gewerbsmäßig gehandelt hat.

Obwohl die Anzahl an Urheberrechtsverletzungen in ihrer Gesamtheit bedeutend ist, so stehen die jeweiligen Einzelfälle in der Regel jedoch nicht im Zusammenhang mit den Interessen der Allgemeinheit, sodass diese Einzelfälle meistens auch nicht weiterverfolgt werden. Die §§ 106 ff. UrhG sind deshalb nach § 374 Abs. 1 Nr. 8 StPO so genannte Privatklagedelikte, bei diesen steht es im Ermessen der Staatanwaltschaft, von einer Strafverfolgung mangels öffentlichen Interesses (§ 376 StPO) abzusehen und das Verfahren einzustellen. Der verletzte Urheber muss dann den Privatklageweg einschlagen und versuchen, dort seine Rechte zu erlangen.[16]

---

[16] Vgl. Hilgendorf, Eric und Valerius, Brian, Computer- und Internetstrafrecht – Ein Grundriss, 2. Auflage, Springer Verlag, Berlin und Heidelberg, 2012, S. 207

5 Urheberrecht im Internet

Die Rechte und Vorschriften des Urheberrechts gelten auch im Internet. Dabei kommt dem Internet als wichtigstes Instrument der Digitalisierung und der zunehmenden Vernetzung eine besondere Bedeutung im Urheberrecht zu. Das Internet ist durch die Möglichkeiten zur weltweiten Verbreitung von Texten, Bildern, Musik und Videos in vielen Bereichen direkt mit dem Urheberrecht verbunden, dabei bieten sich für den Urheber sowohl Chancen, als auch Risiken.[17] Durch das Internet als Medium hat der Nutzer innerhalb kürzester Zeit direkten Zugriff auf das geistige Eigentum des Urhebers.[18] Viele urheberrechtliche Werke und eine mögliche Verletzung ihres urheberrechtlichen Schutzes sind also nur wenige Klicks entfernt, gleichzeitig ist ein weltweiter, unmittelbarer Zugriff von überall möglich, wo Menschen einen Internetzugang besitzen. So können urheberrechtlich geschützte Werke oftmals ohne weiteres in Dateiform übermittelt, kopiert oder umgewandelt werden. Die Verbreitung von Werken wird insbesondere durch Kommunikationsdienste im Internet, dabei vor allem durch File-Sharing-Systeme, also sogenannte (Internet-)Tauschbörsen, sowie durch Online-Videoportale auf Webseiten, schnell vorangetrieben.[19]

Das Urheberrecht ist in unserer heutigen digitalen Gesellschaft weitreichend und besonders stark von den Veränderungen durch das Internet betroffen, viele neue urheberrechtliche Fragen zum Schutz bereits bekannter aber auch gänzlich neuer Werkarten sind die Folge. Doch vor allem die Reichweite des urheberrechtlichen Schutzes hat sich im Zuge der Digitalisierung deutlich erweitert und verändert.[20] Daher hat sich das Internet zum wohl bedeutsamsten Medium für alle Arten von urheberrechtlich geschützten Werken entwickelt.[21]

---

[17] Vgl. Wien, Andreas: Urheberrecht und Homepagegestaltung, in: Wirtschaftsinformatik und Management, Januar 2010, Heft 1, S. 30 ff.

[18] Vgl. Wien, Andreas, Internetrecht – eine praxisorientierte Einführung, 3. Auflage, Gabler Verlag / Springer Fachmedien, Wiesbaden 2012, S. 33.

[19] Vgl. Hilgendorf, Eric und Valerius, Brian, Computer- und Internetstrafrecht – Ein Grundriss, 2. Auflage, Springer Verlag, Berlin und Heidelberg 2012, S. 202

[20] Vgl. Hetmank, Sven, Internetrecht – Grundlagen, Streitfragen, aktuelle Entwicklungen, Springer Fachmedien, Wiesbaden 2016, S. 117.

[21] Vgl. Ensthaler, Jürgen und Weidert, Stefan, Urheberrecht und Internet, Fachmedien Recht und Wirtschaft, Berlin 2017, Vorwort.

5.1 Urheberrechtlich geschützte Werke im Internet

Im Internet ist ein Zugriff auf viele verschiedene Werkarten möglich, welche nach Definition des UrhG urheberrechtlichen Schutz genießen. Auf vielen Internetseiten findet sich eine Mischung der unterschiedlichen Kunstformen wieder, sei es durch Schrift, Bilder oder Musik. § 2 UrhG fasst dabei alle durch das Urheberrecht geschützten Werke zusammen, weshalb diese Rechtsnorm auch die Grundlage für alle geschützten Werke im Internet bildet. Schaut man auf die Besonderheiten im Internet, so qualifizieren sich für den Schutz des Urheberrechts vor allem Sprachwerke (u.a. Texte, E-Books, E-Mails), Audiodateien, Bilder, Grafiken, Videos, Datenbanken und Computerprogramme.[22]

5.1.1 Internetseiten / Web-Designs

Im Regelfall genießen Internetseiten keinen urheberrechtlichen Schutz, weil der Schutz für das Design der Website nicht einfach zu begründen ist. Der HTML-Code, also der Quellcode von Internetseiten, ist dabei lediglich die Beschreibungssprache für die Internetseite selbst und daher nicht durch das Urheberrecht geschützt.[23] Internetseiten bzw. Web-Designs stehen jedoch dann unter dem Schutz des Urheberrechts, wenn sie als Sprachwerke oder als Werke der angewandten Kunst definiert werden können.[24] Dieser Schutz greift vor allem dann, wenn sich die Internetseite deutlich von der Vielzahl weiterer Internetseiten und deren Anbieter hervorheben kann. Diesbezüglich hat der Webdesigner dabei die Internetseite durch Auswahl und Anordnung der Suchbegriffe dementsprechend sprachlich optimiert, sodass diese bei Verwendung einer Suchmaschine direkt unter den ersten Suchergebnissen erscheint und sich somit aus der großen Vielzahl an Webseiten hervor tut.[25] Die visuelle Gesamtdarstellung einer Internetseite kann also durchaus urheberrechtlich geschützt sein, unterliegt jedoch hohen Anforderungen, was die Art und Menge der Gestaltung anbelangt. Für „gewöhnliche" Inter-

---

22 Vgl. Hetmank, Sven, Internetrecht – Grundlagen, Streitfragen, aktuelle Entwicklungen, Springer Fachmedien, Wiesbaden 2016, S. 118.

23 Vgl. Kaesler, Clemens, Recht für Medienberufe – kompaktes Wissen zu allen rechtstypischen Fragen, 3. Aufl., Springer Fachmedien, Wiesbaden 2013, S. 23.

24 Vgl. Dreier/Schulze, Kommentar zum UrhG, 5. Aufl. 2015, § 2 Rn. 101; Schricker/Loewenheim, Kommentar zum Urheberrecht, § 2 Rn. 93.

25 Vgl. Gramespacher, Thomas, Beschluss des OLG Rostock vom 27.06.2007, Onlinepublikation zum Medien- und Internetrecht, Bonn 2007, Schriftenreihe Medien, Internet und Recht, unter: https://medien-internet-und-recht.de/volltext.php?mir_dok_id=1290

netauftritte, also Seiten, welche sich nicht von der breiten Masse abheben können, greift kein Schutz und das dortige Web-Design wird auch nicht als eigene Werkart definiert. Auf diesen Internetseiten sind dann nur einzelne (wahrscheinlich) urheberrechtlich geschützte Werke zu finden, wie z.B. Texte oder Bilder. Diese besitzen dann, möglicherweise, eigenen Urheberrechtsschutz, die Internetseiten selbst jedoch nicht.

5.1.2 Software (Computerprogramme)

Ein Computerprogramm gehört zur Software eines Computers und liegt meist auf einem Datenträger als ausführbare Programmdatei. Dabei ist die Art des Datenträgers, auf dem sich das Programm befindet, (z.B. Papier, Diskette, CD-ROM) unwichtig. Computerprogramme beinhalten eine Abfolge von Befehlen, welche dazu dienen, die Kontrolle oder Steuerung des Programmablaufs zu bestimmen. Im Jahre 1991 wurde mittels einer EU-Richtlinie ein besonderer urheberrechtlicher Schutz für Computerprogramme eingeführt. Sie sind zudem gemäß § 69a UrhG geschützt und zwar in jeglicher Gestalt, einschließlich aller Entwurfsmaterialen. Nur die Idee für das Computerprogramm kann als Gedankengut nicht urheberrechtlich geschützt werden. Die Kriterien für den urheberrechtlichen Schutz für Computerprogramm sind deutlich weniger anspruchsvoll als beispielsweise bei Internetseiten, es ist bereits ausreichend, wenn ein Programm individuelle Züge des Urhebers aufweist, weitere qualitative Kriterien sind dabei nicht relevant.[26] Grundsätzlich unterliegt entwickelte Software in Form von Computerprogrammen also dem Schutz des Urheberrechts sowie dem Schutz durch das Patentrecht.

5.1.3 Sammelwerke und Datenbanken

Besitzen Sammelwerke und Datenbanken eine eigene schöpferische Gestaltung, was die Zusammenstellung und Anordnung anbelangt, gehören diese ebenfalls zu den urheberechtlich geschützten Werken im Internet.[27] Sammelwerke und deren Schutz sind in § 4 Abs. 1 UrhG definiert, als Sammelwerk gilt z.B. ein Online-Lexikon, eine Enzyklopädie oder eine andere wissenschaftliche Quelle im Internet, wenn dort einzelne Elemente systematisch ausgewählt und nach fachlichen

---

[26] Vgl. Kaesler, Clemens, Recht für Medienberufe – kompaktes Wissen zu allen rechtstypischen Fragen, 3. Aufl., Springer Fachmedien, Wiesbaden 2013, S. 21-22.

[27] Vgl. Kaesler, Clemens, Recht für Medienberufe – kompaktes Wissen zu allen rechtstypischen Fragen, 3. Aufl., Springer Fachmedien, Wiesbaden 2013, S. 22.

Kriterien sortiert sind. Liegt gemäß § 4 Abs. 2 UrhG eine systematische oder methodische Anordnung der Elemente eines Sammelwerkes vor, welche mittels elektronischer Mittel oder auf andere Weise eingesehen werden kann, handelt es sich um eine Datenbank bzw. ein Datenbankwerk laut UrhG. Für Datenbanken als auch Sammelwerke gilt, dass die Auswahl und Anordnung durch den Urheber eine persönliche geistige Schöpfung darstellen muss, welche über den reinen Inhalt hinaus erkennbar ist, um unter urheberrechtlichen Schutz zu fallen. Es muss sich hierbei um eine eigenständige Leistung des Urhebers handeln, die Sammlung in Form eines Datenbankwerkes oder eines Sammelwerkes ist auf seinen individuellen Kriterien begründet, was Auswahl und Ordnung betrifft und weist dabei auch einen gewissen Gestaltungsspielraum auf.[28] Kann der Urheber durch technische Einschränkungen oder Regeln seine schöpferische Freiheit bei der Erstellung der Datenbank nicht frei bestimmen, so wird der urheberrechtliche Schutz gemäß § 4 Abs. 2 UrhG versagt.

In diesem Zusammenhang sind auch Gesetzessammlungen, abweichend von § 5 UrhG, als geschützte Werke in Form eines Sammelwerkes anzusehen, wenn die Art und Weise ihrer Zusammenstellung eine bestimmte Gestaltungshöhe erreicht.

5.1.4 Symbole und Logos

Auch bei Symbolen oder Logos im Internet ist für den urheberrechtlichen Schutz die Gestaltungshöhe ausschlaggebend. Dabei werden Symbole, abhängig von ihrer jeweiligen Gestaltung, als Werke der bildenden Kunst definiert. Im Normalfall greift das Urheberrecht nicht für Symbole, welche zweckmäßig etwas Bestimmtes ausdrücken sollen und nicht frei interpretierbar sind. Ein Symbol, das z.B. ein bestimmtes Verbot signalisiert und damit automatisch einen bestimmten Zweck erfüllt, ist nicht urheberrechtlich geschützt. Auf Logos trifft das Gleiche zu wie Symbole, sie können nicht uneingeschränkt von jemandem beansprucht werden, da sie unter dem Schutz des Urheberrechts stehen, eine künstlerische Gestaltung, bei der das jeweilige Logo mit verwendet wird, ist jedoch schon erlaubt. Logos im Internet, die für bestimmte Unternehmen oder Organisationen und damit auch

---

[28] Vgl. Hetmank, Sven, Internetrecht – Grundlagen, Streitfragen, aktuelle Entwicklungen, Springer Fachmedien, Wiesbaden 2016, S. 119-120.

für deren Produkte stehen, sind dabei ohnehin durch das Markenrecht geschützt.[29]

5.1.5 Layouts

Layouts im Internet werden urheberrechtlich wie Internetseiten bzw. Web-Designs behandelt, die bloße Anordnung von Texten oder Bildern alleine reicht nicht aus, um unter urheberrechtlichen Schutz zu stehen. Nur wenn die Gestaltungshöhe entsprechend ist, die Anordnung und Gestaltung des Layouts sich von der Vielzahl an Layouts hervorhebt und dabei klare individuelle Züge des Urhebers zu erkennen sind, ist ein urheberrechtlicher Schutz möglich. Im Regelfall besitzen Layouts daher keinen Anspruch auf die Schutzfunktion des Urheberrechts.[30]

5.1.6 Fotos und Filme

Nach § 2 Abs. 1 Nr. 5 UrhG sind Fotos als Lichtbildwerke definiert und fallen somit unter urheberrechtlichen Schutz, vorausgesetzt, sie besitzen eine bestimmte Gestaltungshöhe.[31] Bei Fotos kann diese durch eine besonders Wahl von Motiv, Perspektive, Belichtung oder durch den Einsatz von Filtern und anderen Techniken zustande kommen. Im Normalfall unterliegen Fotos bzw. Bilder im Internet daher dem Urheberrechtsschutz, da sie sich als persönlich geistige Schöpfung des Urhebers, meist des Fotografen, auszeichnen. Doch auch Fotos ohne eine kreative und individuelle Einwirkung sind urheberrechtlich geschützt. Im UrhG ist diese Art von Fotos als Lichtbilder benannt, wobei es sich um eine unveränderte und naturgetreue Wiedergabe bestimmter Ereignisse oder Motive handelt. Unter den Begriff des Lichtbild können Urlaubsfotos, Bilder von Familienfeiern, aber auch Bilder für die Berichterstattung von Zeitungen oder Bilder von Produkten in Werbung oder Online-Shops fallen.[32] Während Lichtbildwerke 70 Jahre lang unter urheberrechtlichen Schutz stehen, besitzen Lichtbilder mit 50 Jahren eine deutlich

---

[29] Vgl. Kaesler, Clemens, Recht für Medienberufe – kompaktes Wissen zu allen rechtstypischen Fragen, 3. Aufl., Springer Fachmedien, Wiesbaden 2013, S. 23-24.

[30] Vgl. Kaesler, Clemens, Recht für Medienberufe – kompaktes Wissen zu allen rechtstypischen Fragen, 3. Aufl., Springer Fachmedien, Wiesbaden 2013, S. 24.

[31] Vgl. Kaesler, Clemens, Recht für Medienberufe – kompaktes Wissen zu allen rechtstypischen Fragen, 3. Aufl., Springer Fachmedien, Wiesbaden 2013, S. 24.

[32] Vgl. Ruff, Mathis, Berufsverband der Rechtsjournalisten e.V., Urheberrecht.de, Berlin 2016, unter: https://www.urheberrecht.de/fotos/

kürzere urheberrechtliche Schutzdauer. Filme sind durch § 2 Abs. 1 Nr. 6 UrhG als Filmwerke definiert, Videos fallen ebenfalls darunter, da sie ähnlich wie Filme geschaffen werden. Somit gehören Filme und Videos im Internet zu den geschützten Werken laut UrhG. Filmwerke weisen dabei im Gegensatz zu den Lichtbildwerken und Lichtbildern ein deutlich breiteres Spektrum an Möglichkeiten der Werkgestaltung auf. So kann es sich bei den Filmwerken um Spielfilme, Werbefilme, Videospiele oder Dokumentarfilme handeln, um nur einige Arten zu benennen. Letztendlich entscheidet auch bei Filmwerken die individuelle Gestaltungshöhe über den urheberrechtlichen Schutz, welcher jedoch im Normalfall stets zutrifft. So beruht die Handlung von Spielfilme meist auf einem selbst geschriebenem Drehbuch und somit einem durchdachten Konzept. Auch Werbefilme oder Computerspiele sind das Ergebnis einer geistigen Schöpfung und kreativen Leistung durch ihren Urheber und daher regelmäßig urheberrechtlich geschützt. Etwas schwieriger verhält es sich bei Videos im Internet, welche auf Internetseiten, auf sozialen Netzwerken oder auf Videoportalen wie z.B. YouTube von Nutzern hochgeladen worden sind. Verfügen solche Filme und Videos nicht über eine bestimmte Gestaltungshöhe, also wird z.B. lediglich ein Geschehen abgefilmt, handelt es sich hierbei nicht um Filmwerke gemäß § 2 Abs. 1 Nr. 6 UrhG sondern um so genannte Laufbilder gemäß § 95 UrhG, welche mit dem Urheberrecht verwandte Schutzrechte genießen und für die Dauer von 50 anstatt 70 Jahren (Filmwerke) geschützt sind.

5.1.7 Texte

Texte im Internet mit bestimmter individueller Gestaltung sind ebenfalls Sprachwerke gemäß § 2 Abs. 1 Nr. 1 und stehen damit unter urheberrechtlichen Schutz. Die Rechtsprechung verfährt im Allgemeinen sehr generös, wenn es um die Fürsprache von urheberrechtlichen Schutz eines Textes geht, weshalb nahezu jeder verfasste Text durch das Urheberrecht geschützt ist. Eine Besonderheit dabei stellen Slogans für die Werbung dar, welche oftmals nur aus wenigen Worten bestehen. Doch durch den Wiedererkennungswert und den kreativen Schöpfungsakt, der Werbeslogans zugrunde liegt, stehen sie ebenfalls unter dem Schutz des UrhG. Unter bestimmten Gegebenheiten fallen solche Slogans auch unter das Markenrecht und werden dadurch geschützt. Eine weitere Textform im Internet können Übersetzungen darstellen, welche in § 3 UrhG näher bestimmt sind und ebenfalls grundsätzlich urheberrechtlich geschützt sind.[33] Gesetze und Bekanntmachungen als Texte im Internet, welche gemäß § 5 UrhG unter den Begriff „Amtliche Werke" fallen, sind vom urheberrechtlichen Schutz dagegen ausgeschlossen.

5.2 Urheberrechtsverletzungen im Internet

Die stetig voranschreitende Digitalisierung und die globale Vernetzung durch das Internet haben große Wirkung auf das Urheberrecht. Im Internet werden täglich zahllose Urheberrechtsverletzungen begangen, sowohl persönlichkeitsrechtliche als auch verwertungsrechtliche Interessen von Urhebern werden dabei verletzt und missachtet. Die im Internet wohl wichtigsten Verwertungsrechte sind dabei das Vervielfältigungsrecht (§ 16 UrhG) und das Recht der öffentlichen Zugänglichmachung (§ 19a UrhG).[34] Urheberrechtsverletzungen richten jährlich große Schäden in der Medienbranche an und sind durch die neuen Medien, wozu vor allem das Internet zu zählen ist, einfacher und schneller möglich als je zuvor.[35] Ist das private Lesen eines Buches oder Textes oder die Betrachtung eines Filmes in den analogen Lebensbereichen problemlos und ohne Beachtung einer Rechtsnorm möglich, so entstehen in der digitalen Welt bei den gleichen Tätigkeiten für die Nutzer mögliche rechtliche Probleme im Hinblick auf den urheberrechtlichen Schutz solcher Werke.

5.2.1 Vervielfältigung durch Herunterladen oder Einstellen ins Internet

§ 16 UrhG i. V. m. § 15 Abs. 1 UrhG gestatten dem Urheber das Recht, frei über die Vervielfältigung seines Werks zu verfügen und zu bestimmen, damit er seine persönlichen als auch materiellen Interessen durchsetzen kann. Dabei ist Vervielfältigung als jede körperliche Festlegung des Werkes gemeint, welche für die menschlichen Sinne unmittelbar oder mittelbar wahrzunehmen ist. Es spielt zudem gemäß § 16 Abs. 1 UrhG keine Rolle, ob diese Wahrnehmung des Werks nur kurzzeitig oder dauerhaft geschieht, ebenfalls spielen das Verfahren und die An-

---

[33] Vgl. Kaesler, Clemens, Recht für Medienberufe – kompaktes Wissen zu allen rechtstypischen Fragen, 3. Aufl., Springer Fachmedien, Wiesbaden 2013, S. 24-25.

[34] Vgl. Hetmank, Sven, Internetrecht – Grundlagen, Streitfragen, aktuelle Entwicklungen, Springer Fachmedien, Wiesbaden 2016, S. 121-122.

[35] Vgl. Kaesler, Clemens, Recht für Medienberufe – kompaktes Wissen zu allen rechtstypischen Fragen, 3. Aufl., Springer Fachmedien, Wiesbaden 2013, S. 38.

zahl dafür keine Rolle.[36] Anhand dieser Definition sind das Herunterladen (Download) von Dateien aus dem Internet und das anschließende Speichern auf der Festplatte Vervielfältigungshandlungen, welche laut UrhG nur dem Urheber zustehen.[37] Auch der Upload, also das Hochladen von Dateien auf einen Server oder das Einstellen eines Werkes auf einer Internetseite sind als Vervielfältigung anzusehen. Sogar das vorübergehende Herunterladen, also so genanntes Zwischenspeichern auf dem Arbeitsspeicher eines Computers ist eine Vervielfältigung gemäß § 16 Abs. 1 UrhG, da es keine Rolle spielt, „gleichviel ob vorübergehend oder dauerhaft" die Vervielfältigungsstücke eines Werkes hergestellt werden.[38] Diese Abgrenzung einer Vervielfältigungshandlung ist vor allem im Bereich des Streaming enorm bedeutend, da dort nur einzelne Teile oder Elemente eines (Film-)Werkes heruntergeladen werden und später direkt wieder gelöscht werden, das Video oder der Film also nur zwischengespeichert wird während der Betrachtung. Allerdings definieren die in §§ 44a ff. UrhG geregelten Schrankenbestimmungen für solche Fälle auch eine (zulässige) vorübergehende Vervielfältigungshandlung, wenn sie begleitend ist und für einen wesentlichen Teil eines technischen Verfahrens unabdingbar, was beides auf den Prozess des Streaming im Internet zutrifft. Allerdings soll an anderer Stelle noch detaillierter auf die Problematik Streaming im Internet in Verbindung mit dem Urheberrecht näher eingegangen werden.

5.2.2 Verbreitung im Internet

Das Verbreitungsrecht gemäß § 17 Abs. 1 UrhG beinhaltet das Recht, sowohl das Werk als auch Vervielfältigungsstücke des Werkes in den Verkehr zu bringen und der Öffentlichkeit zu offerieren. Die Verbreitung des Werkes ist dabei jedoch auf die Verwertung des Werkes in körperlicher Gestalt begrenzt, sodass eine reine Datenübertragung keine Verbreitung i.S.v. § 17 UrhG darstellt.[39] Aus diesem Grund kommt das Verbreitungsrecht im Internet konkret nur bei dem Verkauf körperlicher Gegenstände zustande, sofern diese auch unter urheberrechtlichem

---

36 Vgl. Dreier/Schulze, Kommentar zum UrhG, 5. Aufl. 2015, § 16 Rn. 6 ff.

37 Vgl. Hetmank, Sven, Internetrecht – Grundlagen, Streitfragen, aktuelle Entwicklungen, Springer Fachmedien, Wiesbaden 2016, S. 129.

38 Vgl. Wien, Andreas, Internetrecht – eine praxisorientierte Einführung, 3. Auflage, Gabler Verlag / Springer Fachmedien, Wiesbaden 2012, S. 41.

39 Vgl. Dreier/Schulze, Kommentar zum UrhG, 5. Aufl. 2015, § 17 Rn. 5.

Schutz stehen. Beispiele hierfür sind der Verkauf von Film- oder Tonträgern oder Fotoleinwänden. Wichtig im Zusammenhang mit dem Verbreitungsrecht ist dabei der Erschöpfungsgrundsatz nach § 17 Abs. 2 und § 69c Nr. 3 S. 2 UrhG, welcher besagt, dass der Urheber keine Kontrolle mehr über die körperliche Verbreitung des Werkoriginals oder dessen Vervielfältigungsstücke hat, wenn der zur Verbreitung Berechtige diese unter Zustimmung im Europäischen Wirtschaftsraum in den Verkehr gebracht hat. Nur dadurch können beispielsweise im Handel gekaufte Tonträger, wie Musik-CDs, ohne Zustimmung des Urhebers weiterverkauft werden. Dieser Erschöpfungsgrundsatz ist jedoch nur für körperliche Werke und Vervielfältigungstücke anwendbar, ebenso für Computerprogramme. Davon ausgeschlossen sind als digitale Produkte Multimediadateien oder auch Hörbücher. [40]

5.2.3 Öffentliche Zugänglichmachung auf Internetseiten oder Internetportalen

Werden urheberrechtlich geschützte Werke im Internet oder anderen Netzwerken (z.B. WLAN oder LAN) öffentlich zur Verfügung gestellt, sodass jedermann weder ort- noch zeitgebunden darauf Zugriff erhalten kann, wird dies als eine öffentliche Zugänglichmachung gemäß § 19a UrhG definiert. Eine Ausnahme hiervon bildet der Versand eines geschützten Werkes per E-Mail, sofern diese nur an bestimmte Personen adressiert ist, kommt es zu keiner öffentlichen Zugänglichmachung.[41] Es ist bei der Zugänglichmachung des Werkes dabei unerheblich, ob die Möglichkeit des Zugriffs auf das Werk auch wahrhaftig genutzt wird, die öffentliche Zugänglichmachung i. S. d. §19a UrhG erfolgt bereits mit dem Einstellen auf Internetseiten, auf so genannten File-Sharing-Systemen, in Suchmaschinen als Vorschaubilder sowie beim Streaming auf Internetportalen wie z.B. YouTube oder Netflix, wo ein Zugriff auch örtlich und zeitlich nach Belieben stattfinden kann.[42]

Das Streaming über Rundfunkprogramme hingegen fällt nicht unter die öffentliche Zugänglichmachung von § 19a UrhG, sondern im Normalfall unter das Vervielfältigungsrecht gemäß § 16 UrhG sowie das Senderecht gemäß § 20 UrhG, weil bei solchen Sendungen der Zeitpunkt und die Programmreihenfolge bereits festste-

---

[40] Vgl. Hetmank, Sven, Internetrecht – Grundlagen, Streitfragen, aktuelle Entwicklungen, Springer Fachmedien, Wiesbaden 2016, S. 130-131.

[41] Vgl. Gramespacher, Thomas, Urteil des OLG München vom 10.05.2007, Onlinepublikation zum Medien- und Internetrecht, Bonn 2007, Schriftenreihe Medien, Internet und Recht, unter: https://medien-internet-und-recht.de/volltext.php?mir_dok_id=1295

[42] Vgl. Hetmank, Sven, Internetrecht – Grundlagen, Streitfragen, aktuelle Entwicklungen, Springer Fachmedien, Wiesbaden 2016, S. 123-124.

hen und darüber hinaus der Empfänger des Programms nicht frei über den Zeitpunkt, die Reihenfolge und den Umfang des Empfangs verfügen und bestimmen kann. Die Entscheidungsfreiheit des Nutzers, wann und wie er Zugriff auf das Werk ausübt, ist jedoch laut § 19a UrhG entscheidend.[43] Selbiges gilt dabei auch für Internetradios, nur wenn der Nutzer das Programm bzw. die Reihenfolge des Programms selbstständig bestimmen kann, liegt eine öffentliche Zugänglichmachung vor.[44]

5.2.3.1 Verlinkung als öffentliche Zugänglichmachung

Oftmals wird das Werk jedoch nicht bereits durch das Einstellen in das Internet oder ein Netzwerk für die Öffentlichkeit zugänglich gemacht, sondern erst durch das Setzen einer Verlinkung dorthin. Steht dieser Link dritten, nicht an der Einstellung des Werkes beteiligten, Personen unbeschränkt zur Verfügung, ist das Werk nach der Rechtsprechung auch öffentlich zugänglich gemacht worden.[45] Ein geschütztes Werk im Internet ist durch die Eingabe eines Links bzw. der URL dafür für jeden Nutzer zugänglich, zumindest in der Theorie.[46] Wird also ein Link gesetzt und bereitgestellt, welcher die Zugänglichkeit zu urheberrechtlichen Werken ermöglicht, so hat der EuGH dafür klar festgelegt, dass hierbei eine Zugänglichmachung i. S. d. UrhG vorliegt. Wichtig für die Zugänglichkeit der Öffentlichkeit ist dabei die Tatsache, dass das Werk einem neuen Publikum zugänglich gemacht wird, welches der Inhaber des Urheberrechts nicht ansprechen wollte, als er die ursprüngliche Wiedergabe des Werkes für zulässig erklärt hatte.[47]

Somit stellt jedwede Form der Verlinkung auf ein urheberrechtlich geschütztes Werk, welche ohne die Erlaubnis des Inhabers der Urheberrechte auf der verlink-

---

[43] Vgl. OLG Stuttgart, Beschluss vom 21.01.2008, 2 WS 328/07, Telemedicus e.V., Münster 2008, unter: https://www.telemedicus.info/urteile/Urheberrecht/Music-on-Demand/488-OLG-Stuttgart-Az-2-Ws-32807;-2-Ws-3282007-OEffentliche-Zugaenglichmachung-durch-Musik-on-Demand.html

[44] Vgl. Hetmank, Sven, Internetrecht – Grundlagen, Streitfragen, aktuelle Entwicklungen, Springer Fachmedien, Wiesbaden 2016, S. 125.

[45] Vgl. OLG Hamburg, Urteil vom 14.03.2012, 5 U 87/09, Telemedicus e.V., Münster 2012, unter: https://www.telemedicus.info/urteile/Internetrecht/Haftung-von-Webhostern/1356-OLG-Hamburg-Az-5-U-8709-Rapidshare-II.html

[46] Vgl. Hetmank, Sven, Internetrecht – Grundlagen, Streitfragen, aktuelle Entwicklungen, Springer Fachmedien, Wiesbaden 2016, S. 125

[47] Vgl. Ost, Hartmut, Presse und Information des EuGH, Pressemitteilung Nr. 20/14 in der Rechtssache C-466/12, Luxemburg 2014, unter: https://curia.europa.eu/jcms/upload/docs/application/pdf/2014-02/cp140020de.pdf

ten Seite zum Abruf bereit steht, eine öffentliche Zugänglichmachung gemäß § 19a UrhG dar und kennzeichnet damit eine Urheberrechtsverletzung.[48] Hinterfragt werden muss dabei jedoch auch, ob der Zugang zu den geschützten Werken auf der verlinkten Seite für jeden Nutzer im Internet offenstehend ist und ob dieser Zugang einer möglichen technischen Schutzmaßnahme unterzogen ist. Besteht eine solche beschränkende Maßnahme für den Zugriff auf das Werk im Internet, handelt es sich um keine zulässige Verlinkung mehr, da eine technische Schutzmaßnahme hierfür umgangen worden ist.[49] Ob es sich dabei um technische Schutzmaßnahme gemäß § 95a UrhG handelt, ist dabei irrelevant. Durch die bestehende Schutzmaßnahme ist zu erkennen, dass ein Zugriff auf die geschützten Werke nur mit Einschränkungen möglich ist und erst die Bereitstellung dieses Links es den Nutzern als neues Publikum ermöglicht, darauf zuzugreifen, obwohl der Urheber genau dies durch die Beschränkung verhindern wollte. Eine solche Urheberrechtsverletzung ist vor allem daran zu erkennen, wenn das Werk auf der Internetseite nicht mehr öffentlich oder gar nicht mehr abrufbar ist oder nur einer beschränkten Anzahl an Nutzern zugänglich ist, wo es ursprünglich zu finden war. Im Gegenzug ist der unbeschränkte Zugriff, ohne Einverständnis des Urhebers, nun auf einer anderen Internetseite möglich.[50]

5.2.3.2 Framing als öffentliche Zugänglichmachung

Beim so genannten Framing (Hotlinking oder Inline Linking) werden externe Dateien und Seiten im Internet in jeder beliebigen Art von Medien, meistens in Form von Bildern oder Videos, auf eine andere Interseite eingebunden. Dabei wird jedoch keine körperliche Kopie der Dateien vorgenommen, sondern der Inhalt bzw. die Datei wird unmittelbar von einem fremden Server auf die eigene Internetseite geladen. Das Framing wird dabei ebenso urheberrechtlich behandelt wie die Verlinkung, kann ein neues Publikum auf das eingebundene geschützte Werk zugreifen, liegt eine öffentliche Zugänglichmachung gemäß § 19a UrhG vor. Hat der Urheber oder Rechteinhaber das Werk jedoch selbst der Öffentlichkeit zugänglich gemacht, liegt bei der Einbindung von urheberrechtlich geschützten Werken

---

[48] Vgl. Hetmank, Sven, Internetrecht – Grundlagen, Streitfragen, aktuelle Entwicklungen, Springer Fachmedien, Wiesbaden 2016, S. 126.

[49] Vgl. Dreier/Schulze, Kommentar zum UrhG, 5. Aufl. 2015, § 19a Rn. 6a.

[50] Vgl. Hetmank, Sven, Internetrecht – Grundlagen, Streitfragen, aktuelle Entwicklungen, Springer Fachmedien, Wiesbaden 2016, S. 127.

durch Framing generell keine öffentliche Zugänglichkeit und Urheberrechtsverletzung vor, da die Erlaubnis des Urhebers zur öffentlichen Wiedergabe und Zugänglichkeit vorlag.[51] Zudem spielt es dabei keine Rolle, ob sich jemand ein Werk durch Inklusion in seine eigene Internetseite angeeignet hat.[52] Rechtlich unbedenklich ist es für den Nutzer beispielsweise, wenn ein Video, welches auf YouTube hochgeladen wurde, mittels Framing für die eigene Internetseite benutzt wird, solange der Urheber des Videos dieses auf YouTube frei zugänglich für die Öffentlichkeit gemacht hat. Liegt jedoch keine Zustimmung des Urhebers oder Rechteinhabers vor, so bedeutet eine Nutzung eines solchen Videos automatisch eine Urheberrechtsverletzung durch öffentliche Zugänglichmachung gemäß § 19a UrhG. Nutzer im Internet sind also stets einem gewissen Risiko ausgesetzt, wenn sie geschützte Werke, in diesem Fall z.B. ein fremdes Video, durch Verlinkung oder Framing benutzen.[53]

5.2.3.3 Vorschaubilder als öffentliche Zugänglichmachung

Ebenfalls um eine öffentliche Zugänglichmachung i. S. v. § 19a UrhG handelt es sich bei Vorschaubildern (so genannte Thumbnails) bei der Trefferliste von Suchmaschinen im Internet, wenn diese Vorschaubilder dabei geschützte Werke sind.[54] In einem sehr aktuellen Urteil hat der BGH entschieden, dass eine solche Vorschau von urheberrechtlich geschützten Bildern, welche mit einer Suchmaschine im Internet gefunden werden, prinzipiell keine Urheberrechtsverletzung darstellt.[55]

---

[51] Vgl. Hetmank, Sven, Internetrecht – Grundlagen, Streitfragen, aktuelle Entwicklungen, Springer Fachmedien, Wiesbaden 2016, S. 127.

[52] Vgl. Wandtke / Bullinger, Praxiskommentar zum Urheberrecht, § 19a Rn. 9.

[53] Vgl. Hetmank, Sven, Internetrecht – Grundlagen, Streitfragen, aktuelle Entwicklungen, Springer Fachmedien, Wiesbaden 2016, S. 128.

[54] Vgl. Vgl. Schricker / Loewenheim, Kommentar zum Urheberrecht, §19a Rn. 47.

[55] Vgl. BGH Pressestelle, BGH Urteil vom 21.09.2017 – I ZR 11/16, Karlsruhe 2017, unter: http://juris.bundesgerichtshof.de/cgi-bin/rechtsprechung/document.py?Gericht=bgh&Art=pm&Datum=2017&Sort=3&nr=79566&pos=0&anz=146&Blank=1

5.3 Schranken des Urheberrechts im Internet

Das UrhG definiert in §§ 44a ff. Schranken des Urheberrechts, welche dem Interessensausgleich zwischen Urheber oder Rechtsinhaber und Dritten dienen, was ein Zugriff oder eine Nutzung von geschützten Werken anbelangt.[56] Diese Schranken sollen kurz anhand der im Internet häufigsten und typischsten Sachverhalte aufgezeigt werden. Dabei soll deutlich gemacht werden, wie viele so genannte juristische Grauzonen noch in den zahlreichen urheberrechtlichen Bereichen des Internet existieren und wie schwierig etliche Handlungen von Nutzern im Internet zu behandeln und zu bewerten sind, was die Einhaltung der Rechtsnormen betrifft. Ein großes und aktuelles Thema ist dabei das Streaming im Internet, aufgrund aktueller rechtlicher Entwicklung wird auf das Streaming im Zusammenhang mit dem Urheberrecht im Internet an späterer Stelle ausführlicher eingegangen werden.

5.3.1 Vorübergehende Vervielfältigungen

Laut § 44a UrhG sind vorübergehende Vervielfältigungen nicht rechtswidrig, wenn sie nur nebensächlich passieren und dabei wesentlicher Teil eines technischen Verfahrens sind. Diese vorübergehende Vervielfältigungen dienen dabei dazu, eine Übertragung im Internet zwischen Dritten durch einen Vermittler zu gewährleisten oder eine rechtmäßige Nutzung des Werkes erst sicher zu stellen, diese Nutzung darf dabei nicht wirtschaftlich eigenständig sein. Es soll dadurch gewährleistet werden, dass das Vervielfältigungsrecht des Urhebers nicht auf alle technischen Vervielfältigungsprozesse im Internet angewendet werden kann und nicht jeder dieser Vorgänge automatisch eine Urheberrechtsverletzung darstellt. Ein zeitlich begrenztes Zwischenspeichern auf Servern von Werken, z.B. Inhalte oder Dateien, ist also gestattet, darunter fallen alle Vervielfältigungshandlungen im Rahmen einer Online-Übertragung von geschützten Werken im Internet.[57] Jedoch sind diese Handlungen nur für den Vermittler einer Übertragung gesetzlich zulässig nach § 44a Nr. 1 UrhG, nicht jedoch für den Absender und Empfänger. Darunter fallen alle vorübergehenden und begleitenden Speicher- und Kopiervor-

---

56 Vgl. Hetmank, Sven, Internetrecht – Grundlagen, Streitfragen, aktuelle Entwicklungen, Springer Fachmedien, Wiesbaden 2016, S. 134.

57 Vgl. Hetmank, Sven, Internetrecht – Grundlagen, Streitfragen, aktuelle Entwicklungen, Springer Fachmedien, Wiesbaden 2016, S. 135.

gänge beim Surfen / Browsing im Internet, ohne die eine Übertragung von Daten an die Nutzer unmöglich wäre und die für die Funktionsweise des Internets unerlässlich sind. Also stellen zum einen Zwischenspeicherungen zur Übertragung im Internet gemäß § 44a Nr. 1 UrhG keine rechtswidrige Handlung dar, zum anderen gemäß § 44a Nr. 2 UrhG alle weiteren vorübergehenden Handlungen der Vervielfältigung, die für eine rechtmäßige Nutzung eines Werkes in digitaler Form unabdingbar sind und aus rein technischen Gründen geschehen.[58]

5.3.2 Vervielfältigungen zum privaten Gebrauch

Die Schrankenregelung in § 53 Abs. 1 UrhG stellt Vervielfältigungen zum privaten Gebrauch, also so genannte Privatkopien, nicht unter den Schutz des Urheberrechts. Privatkopien sind immer dann nicht rechtswidrig, solange hierfür keine rechtswidrig hergestellte oder öffentlich zugänglich gemachte Vorlage eines geschützten Werkes verwendet worden ist.[59] Werden also Kopien von urheberrechtlich geschützten Werken für den privaten oder sonstigen eigenen Gebrauch getätigt, benötigt der Nutzer kein Einverständnis des Urhebers.[60] Somit kann grundsätzlich jeder Nutzer im Internet fremde, geschützte Werke herunterladen oder kopieren, soweit er diese nur für den privaten Gebrauch verwendet. Grundsätzlich liegt die zulässige Obergrenze an Privatkopien dabei bei sieben Kopien. Allerdings gibt es auch hier Einschränkungen, weshalb z.B. eine unerlaubte Kopie von Software verboten ist und strafrechtliche Konsequenzen nach § 106 UrhG nach sich ziehen kann. Ebenfalls untersagt ist eine Privatkopie aus elektronischen Datenbanken.[61] Die entscheidenden Voraussetzungen, ob das Werk im Internet als Vorlage für die private Vervielfältigung nicht offensichtlich rechtswidrig hergestellt worden ist oder das Werk als Vorlage öffentlich zugänglich gemacht worden ist, sind regelmäßig nicht oder nur sehr schwer eindeutig festzustellen. Kann eine Erlaubnis durch den Urheber oder Rechteinhaber verneint werden, liegt regel-

---

[58] Vgl. Hetmank, Sven, Internetrecht – Grundlagen, Streitfragen, aktuelle Entwicklungen, Springer Fachmedien, Wiesbaden 2016, S. 136.

[59] Vgl. Hetmank, Sven, Internetrecht – Grundlagen, Streitfragen, aktuelle Entwicklungen, Springer Fachmedien, Wiesbaden 2016, S. 136.

[60] Vgl Wien, Andreas, Internetrecht – eine praxisorientierte Einführung, 3. Auflage, Gabler Verlag / Springer Fachmedien, Wiesbaden, 2012, S. 44.

[61] Vgl Wien, Andreas, Internetrecht – eine praxisorientierte Einführung, 3. Auflage, Gabler Verlag / Springer Fachmedien, Wiesbaden, 2012, S. 45.

mäßig eine offensichtliche Rechtswidrigkeit vor.[62] Grundsätzlich ist es für den Nutzer daher schwierig, die Rechtmäßigkeit von Werken und Inhalten im Internet zu bewerten, da selbst auf etablierten Video-Portalen wie YouTube regelmäßig Inhalte ohne die Einwilligung der Urheber hochgeladen werden.[63] Sind jedoch auf solchen Streaming-Plattformen oder auf File-Sharing-Systemen aktuelle Kinofilme oder Serien vor deren kommerzieller Veröffentlichung im Handel veröffentlich, so ist von Seiten des Nutzers davon auszugehen, dass keine Zustimmung für die öffentliche Zugänglichmachung seitens des Urhebers oder Rechtinhabers vorlag.[64] Eine Privatkopie ist in diesem Fall dann nicht zulässig gemäß § 53 Abs.1 UrhG, da jedoch regelmäßig eine offensichtliche Rechtswidrigkeit für den Nutzer im Internet nicht eindeutig zu erkennen ist, wird die Vervielfältigung von Videos durch Herunterladen für den eigenen privaten Gebrauch von dieser Schranke des Urheberrechts im Internet gedeckt.

5.3.3 Umgehung von technischen Schutzmaßnahmen

Es ist gemäß §§ 95a ff. UrhG nicht gestattet, technische Schutzmaßnahmen, die zum Schutz eines urheberrechtlichen Werkes bestehen, zu umgehen. Eine Umgehung solcher Schutzmaßnahmen, wie z.B. eine Zugangskontrolle oder eine Verschlüsselung, dürfen nur mit Zustimmung des Urhebers oder Rechteinhabers umgangen werden, um Zugang auf das jeweilige Werk zu erhalten.[65] Als Beispiele in der Praxis ist hierfür das Herunterladen von Videos von Internetseiten zu nennen, falls der Betreiber der Seite hierfür ein bestimmtes Verschlüsselungsverfahren einsetzt, der Nutzer jedoch eine Software zum Herunterladen benutzt, welche die Verschlüsselung umgeht. Die entsprechende Schutzmaßnahme stellt dabei nicht zwingend einen absoluten Schutz für das Werk dar, sondern vielmehr ein Hindernis, welches für den Zugriff auf das Werk zunächst einmal überwunden werden muss. Ist jedoch das Programm oder die Software für die Umgehung der Schutz-

---

[62] Vgl. Dreier/Schulze, Kommentar zum UrhG, 5. Aufl. 2015, § 53, Rn. 23.

[63] Vgl. Hetmank, Sven, Internetrecht – Grundlagen, Streitfragen, aktuelle Entwicklungen, Springer Fachmedien, Wiesbaden 2016, S. 138.

[64] Vgl. Hetmank, Sven, Internetrecht – Grundlagen, Streitfragen, aktuelle Entwicklungen, Springer Fachmedien, Wiesbaden 2016, S. 138.

[65] Vgl. Hetmank, Sven, Internetrecht – Grundlagen, Streitfragen, aktuelle Entwicklungen, Springer Fachmedien, Wiesbaden 2016, S. 141.

maßname allgemein verfügbar und legal zu erwerben, liegt keine technische Schutzmaßnahme laut UrhG vor.[66]

Rechtlich problematisch war dabei in der Praxis lange das Thema von Sicherheitskopien von Musik-CDs oder DVDs, wenn Nutzer diese zuvor legal im Handel von den Nutzern erworben hatten.[67]

Da die Erstellung Privatkopien zwar durch das Urheberrecht zulässig ist, jedoch solche Werke wie CDs und DVDs regelmäßig mit einem Kopierschutz geschützt sind, welcher eine technische Schutzmaßnahme darstellt. Durch die Änderung des § 95a UrhG mit dem Gesetz zur Regelung des Urheberrechts in der Informationsgesellschaft vom 10. September 2003 können nun Nutzer für die Herstellung einer privaten Kopie ihrer CDs oder DVDs zumindest nach der Rechtsprechung zivilrechtlich belangt werden, falls bei der Sicherungskopie der Kopierschutz für das Original umgangen wird. Eine Privatkopie ist zwar rechtlich zulässig und hat keine strafrechtlichen Sanktionen zur Folge, jedoch darf nach Gesetzesvorlage auch keine technische Schutzmaßnahme gebrochen oder umgangen werden.[68]

5.3.4 Zitatrecht und Berichterstattung über Tagesereignisse

Aus einem bereits veröffentlichen Werk darf ohne Zustimmung des Urhebers zitiert werden (§ 51 UrhG). Eine Vervielfältigung, Verbreitung und öffentliche Zugänglichmachung des geschützten Werkes ist also für zulässig zu erklären, wenn nur die Intention, daraus zu zitieren, vorliegt. Dieses rechtliche Zugeständnis soll dabei dem allgemeinen Interesse dienen und der Möglichkeit, sich geistig mit dem Werk auseinanderzusetzen, darüber womöglich zu diskutieren und Kritik üben zu können.[69] Zitate aus Texten im Internet dürfen also übernommen und benutzt werden, ohne dass daraus eine Urheberrechtsverletzung entsteht. Zusätzlich zu dem so genannten Zitatrecht erlaubt § 50 UrhG für den Zweck der Berichterstattung über Tagesereignisse ebenfalls die Vervielfältigung, Verbreitung und öffentli-

---

[66] Vgl. Hetmank, Sven, Internetrecht – Grundlagen, Streitfragen, aktuelle Entwicklungen, Springer Fachmedien, Wiesbaden 2016, S. 141.

[67] Vgl Wien, Andreas, Internetrecht – eine praxisorientierte Einführung, 3. Auflage, Gabler Verlag / Springer Fachmedien, Wiesbaden, 2012, S. 45.

[68] Vgl Wien, Andreas, Internetrecht – eine praxisorientierte Einführung, 3. Auflage, Gabler Verlag / Springer Fachmedien, Wiesbaden, 2012, S. 45 ff.

[69] Vgl. Hetmank, Sven, Internetrecht – Grundlagen, Streitfragen, aktuelle Entwicklungen, Springer Fachmedien, Wiesbaden 2016, S. 139.

che Wiedergabe von geschützten Werken. Hierbei steht das Interesse der Allgemeinheit und Öffentlichkeit an Informationen im Vordergrund.[70]

Mögliche Beispiele hierfür sind dabei die Internetauftritte von Zeitungen, sowie nahezu jeder Artikel über tagesaktuelle Berichterstattung im Internet. Auch einzelne Kommentare und Artikel im Internet, welche politische, wirtschaftliche oder religiöse Fragen behandeln, dürfen nach § 49 UrhG vervielfältigt und verbreitet werden. Sind solche Werke nicht durch einen Vermerk des Urhebers geschützt, bedarf es für die Verbreitung und Veröffentlichung im Internet keinerlei Zustimmung seitens des Urhebers, allerdings kann dieser über eine Verwertungsgesellschaft, wie z.B. die GEMA, eine Vergütung für die Benutzung des Werkes verlangen (§ 49 Abs. 1 S. 2 und 2 UrhG).[71]

5.4 Soziale Medien und soziale Netzwerke

Unter sozialen Medien (engl. „Social Media") versteht man digitale Medien und Methoden der Kommunikation, welche den Nutzern im Internet erlauben, sich zu vernetzen und auszutauschen, unter anderem über soziale Netzwerke. Die unterschiedlichen Plattformarten im Internet für soziale Medien sind dabei die Folgenden: Auskunftsportale, Bewertungsportale, Foren, Fotosharing-Plattformen (z.B. Instagram), Mikroblogging-Dienste (z.B. Twitter) soziale Netzwerke (z.B. Facebook), Videoportale (z.B. YouTube), Webblogs und Wikis (z.B. Wikipedia).[72] Durch den offenen, sich ständig erweiternden Kommunikationsraum im Internet können sich Menschen auf der ganzen Welt verbinden und Informationen austauschen, jederzeit und von überall.[73]

Soziale Medien und Netzwerke sind in unserem Alltag mittlerweile allgegenwärtig geworden und bestimmen diesen auch mit.[74] Dabei sind soziale Medien so aufgebaut, dass Inhalte einfach und schnell im Internet hochgeladen werden und

---

[70] Vgl. Hetmank, Sven, Internetrecht – Grundlagen, Streitfragen, aktuelle Entwicklungen, Springer Fachmedien, Wiesbaden 2016, S. 140.

[71] Vgl. Hetmank, Sven, Internetrecht – Grundlagen, Streitfragen, aktuelle Entwicklungen, Springer Fachmedien, Wiesbaden 2016, S. 140.

[72] Vgl. Ruff, Mathis, Berufsverband der Rechtsjournalisten e.V., Berlin 2017, unter: https://www.urheberrecht.de/social-media/#Die-wichtigsten-Social-Media-Kanaele

[73] Vgl. Splittgerber, Andreas, Praxishandbuch Rechtsfragen Social Media, Walter de Gruyter GmbH & Co. KG Verlag, München 2014, S. 1 f.

[74] Vgl. Rohrlich, Michael, Social Media: Rechte und Pflichten für User, entwickler.press Verlag, Würselen 2013, Vorwort und S. 1 ff.

fremde Inhalte von anderen Nutzern geteilt, beurteilt und kommentiert werden können. Die weltweit größte und bedeutendste Social-Media-Plattform im Internet stellt dabei das soziale Netzwerk Facebook dar.[75] Mit mittlerweile über 2,1 Milliarden registrierten Nutzern auf der ganzen Welt (Stand November 2017), wovon sogar 1,37 Milliarden täglich aktiv sind, ist Facebook das soziale Netzwerk mit den mit Abstand meisten Mitgliedern.[76] Doch auch in Deutschland erfreut sich Facebook großer Beliebtheit, in einer offiziellen Ankündigung von Facebook im September 2017 wurde bekannt gegeben, dass derzeit 31 Millionen aktive Nutzer von Facebook aus Deutschland kommen.[77] Diese Zahlen verdeutlichen gut die Tragweite von sozialen Medien und Netzwerken in unserer heutigen digitalen Gesellschaft, nahezu jeder kommt direkt oder indirekt mit ihnen in Berührung, da es neben Facebook als größte Plattform noch unzählige weitere Netzwerke und Dienste gibt, die täglich von vielen Millionen Menschen genutzt werden. Die sozialen Medien und Netzwerke bieten fast unbegrenzte Optionen, Inhalte zu veröffentlichen, die eigenen oder Inhalte anderer zu bearbeiten oder sogar zu bewerten und kommentieren.[78] Dennoch gelten auch im Bereich der sozialen Medien alle Rechte und Vorschriften des Urheberrechts, die Urheber und Rechteinhaber können daher den urheberrechtlichen Schutz in Anspruch nehmen, es existiert kein gesondertes Urheberrecht für das Internet oder die sozialen Medien in Deutschland.[79] Ein Großteil der begangenen Urheberrechtsverletzungen findet tagtäglich in großer (teilweise unbekannter) Zahl in den sozialen Medien und sozialen Netzwerken statt. Viele Nutzer, besonders in den sozialen Netzwerken, bedenken bei ihrer Begeisterung und dem alltäglichen Gebrauch oftmals nicht die

---

[75] Vgl. Splittgerber, Andreas, Praxishandbuch Rechtsfragen Social Media, Walter de Gruyter GmbH & Co. KG Verlag, München 2014, S. 2.

[76] Vgl. Roth, Philipp und Wiese, Jens, Redaktionsteam von allfacebook.de, ein Blog von Rising Media Ltd, Starnberg 2017, unter: https://allfacebook.de/toll/state-of-facebook

[77] Vgl. Roth, Philipp und Wiese, Jens, Redaktionsteam von allfacebook.de, ein Blog von Rising Media Ltd, Starnberg 2017, unter: https://allfacebook.de/zahlen_fakten/offiziell-facebook-nutzerzahlen-deutschland

[78] Vgl. Splittgerber, Andreas, Praxishandbuch Rechtsfragen Social Media, Walter de Gruyter GmbH & Co. KG Verlag, München 2014, S. 177.

[79] Splittgerber, Andreas, Praxishandbuch Rechtsfragen Social Media, Walter de Gruyter GmbH & Co. KG Verlag, München 2014, S. 177.

urheberrechtlichen Kriterien beim „Teilen" von Inhalten und fremden, möglicherweise urheberrechtlich geschützten, Werken.[80]

Besonders in sozialen Netzwerken fehlt es dabei häufig an einem Bewusstsein der Nutzer im Internet für das Urheberrecht, was allerdings nicht nur an dem nachlassenden oder fehlenden Respekt für fremdes geistiges Eigentum liegt, sondern am meisten an der Unkenntnis über die rechtlichen Vorschriften und Normen.[81] Eine allumfassende Darstellung aller möglichen Urheberrechtsverletzungen in den sozialen Medien ist aufgrund der ständigen Entwicklung sozialer Netzwerke und der generellen Schnelllebigkeit dieser Bereiche kaum zu erreichen.[82] Allgemein ist dabei festzuhalten, dass viele rechtliche Rahmenbedingungen im Bereich der sozialen Medien noch nicht eindeutig und abschließend bestimmt sind, in vielen Bereichen gibt es noch so genannte rechtliche Grauzonen. Gesetzgeber und Gerichte haben es schwer, mit der schnellen und stetig fortschreitenden technischen Entwicklung Schritt zu halten.[83] Zudem agiert jeder Nutzer in den sozialen Medien auf eigenes Risiko und Verantwortung und haftet beispielsweise selbst für seine veröffentlichten Inhalte oder für die Inhalte auf seinem Profil.[84] Der Europäische Gerichtshof hat in diesem Zusammenhang mit dem Urteil vom 16.02.2012 (Aktenzeichen: C-360/10) entschieden, dass die Betreiber sozialer Netzwerke nicht in der Pflicht stehen, technische Schutzmaßnahmen einzurichten, um möglichen Urheberrechtsverstößen zuvorzukommen.[85]

---

[80] Vgl. Ziegler Katharina, Urheberrechtsverletzungen durch Social Sharing, Mohr Siebeck Verlag, Tübingen 2016, S. 6.

[81] Vgl. Ziegler Katharina, Urheberrechtsverletzungen durch Social Sharing, Mohr Siebeck Verlag, Tübingen 2016, S. 6 f.

[82] Vgl. Ziegler Katharina, Urheberrechtsverletzungen durch Social Sharing, Mohr Siebeck Verlag, Tübingen 2016, S. 8.

[83] Vgl. Rohrlich, Michael, Social Media: Rechte und Pflichten für User, entwickler.press Verlag, Würselen 2013, Vorwort und S. 1 ff.

[84] Vgl. Rohrlich, Michael, Social Media: Rechte und Pflichten für User, entwickler.press Verlag, Würselen 2013, Einführung und S. 1 ff.

[85] Vgl. Ost, Hartmut, Presse und Information des EuGH, Pressemitteilung Nr. 11/12 in der Rechtssache C-360/10, Luxemburg 2012, unter:
https://curia.europa.eu/jcms/upload/docs/application/pdf/2012-02/cp120011de.pdf

Abschließend ist festzustellen, dass sozialen Medien ohne die Inhalte ihrer Nutzer nicht möglich sein würden, weshalb das Urheberrecht im Mittelpunkt der Benutzung der Social-Media-Plattformen steht.[86]

5.5 Streaming im Internet

Das Streaming von Filmen, Serien oder Musik aus dem Internet ist neben den sozialen Medien ein weiterer großer Bereich in unserer digitalen Gesellschaft, der sich immer größerer Beliebtheit erfreut. Die Nutzerzahlen steigen jährlich, laut einer Onlinestudie von ARD und ZDF aus dem Oktober dieses Jahres[87] lässt sich ein Trend erkennen, dass Fernsehsendungen im Internet und Streaming-Dienste das lineare Fernsehen allmählich ablösen könnten. Bereits 72 Prozent der Bevölkerung in Deutschland nutzen gelegentlich ein Streaming-Angebot im Internet. Besonders die Reichweite von kostenpflichtigen Streaming-Diensten hat einen deutlichen Anstieg zu verzeichnen, dabei ist die Altersgruppe der 14- bis 29-Jährigen die Altersgruppe, die nahezu alle Angebote und Möglichkeiten der bewegten Bilder im Internet am meisten nutzt. Zusammen mit der Altersgruppe der 30- bis 49-Jährigen nutzen bereits über 90 Prozent dieser beiden jüngsten Gruppen der Studie regelmäßig bewegte Bilder im Internet.[88] Bereits diese Zahlen verdeutlichen den Stellenwert und die Tragweite, welche das Streaming in unserer heutigen digitalen Gesellschaft einnimmt. Neben den kostenpflichtigen Streaming-Angeboten durch Anbieter wie Amazon Prime, Netflix, Sky oder Maxdome, um nur einige zu nennen, gibt es jedoch auch kostenfreie Streaming-Möglichkeiten im Internet, wie beispielsweise YouTube, wo Nutzer selbst Videos und Inhalte hochladen und veröffentlichen können. Für die kostenpflichtigen Anbieter ist dabei regelmäßig der Abschluss einer Mitgliedschaft erforderlich, um in den Genuss der Nutzung der jeweiligen Inhalte zu gelangen. Allerdings gibt es auch zahlreiche Streaming-Plattformen, welche häufig rechtlich nicht vollständig legal sind und in vielen Fällen Urheberrechtsverletzungen auslösen können. Bei-

---

[86] Vgl. Rohrlich, Michael, Social Media: Rechte und Pflichten für User, entwickler.press Verlag, Würselen 2013, Einführung und S. 2 f.

[87] Vgl. Frees, Beate und Koch, Wolfgang, Leiter ARD/ZDF-Projektgruppe Multimedia, Onlinestudie 2017 ARD/ZDF, Kernergebnisse, unter: http://www.ard-zdf-onlinestudie.de/files/2017/Artikel/Kern-Ergebnisse_ARDZDF-Onlinestudie_2017.pdf

[88] Vgl. Kupferschmitt, Thomas, ZDF Medienforschung, ARD/ZDF-Projektgruppe Multimedia, Onlinestudie 2017 ARD/ZDF, Zusammenfassung des Artikels zum Onlinevideo unter: http://www.ard-zdf-onlinestudie.de/ardzdf-onlinestudie-2017/onlinevideo/

spiele hierfür sind Streaming-Portale wie kino.to oder kinox.to, welche Streams von Filmen und Serien zur Verfügung stellen, bei denen es sich oftmals um illegale Raubkopien handelt. Die Zahlen der Nutzer solcher illegaler Streams lassen sich kaum beziffern und können teilweise nur vermutet werden. Bekanntestes Beispiel ist die mittlerweile vom Netz genommene, deutschsprachige Webseite kino.to für Kinofilme und Serien. Laut dem Online-Dienst Alexa, einem Tochterunternehmen von amazon.com, gehörte kino.to im Jahre 2011 zu den meistbesuchten Internetseiten in Deutschland und wurde dabei täglich von über 200.000 Nutzern besucht. Im Zuge der Prozessermittlungen aufgrund von Urheberrechtsverstößen gegen die Gründer und Betreiber der Webseite kam kino.to laut der Dresdner Generalstaatsanwaltschaft auf über acht Milliarden Klicks zwischen 2008 und 2011.[89] Dabei sollen gemäß Aussage des Vereins für Anti-Piraterie der Film- und Videobranche mehr als 96 Prozent der Nutzer und Besucher von kino.to aus Deutschland, Österreich und der Schweiz gekommen sein. Anhand dieser Zahlen lässt sich bereits erahnen, welche gewichtige Rolle das Streaming in unserer Gesellschaft in Deutschland im Zusammenhang mit dem Urheberrecht spielt. Der Fall kino.to verdeutlicht, wie stark verbreitet eine Nutzung von illegalen Streaming-Diensten in Deutschland erfolgt und wie ahnungslos und unwissend hierbei ein Großteil der Nutzer agiert.[90] Besonders für die jüngere Generation ist die Nutzung von Streaming-Plattformen, seien es legale oder illegale, längst in ihrem Alltag und täglichen Leben integriert.[91] In Deutschland nutzten demzufolge laut der ARD / ZDF Online-Studie 2017 bereits 38 % der deutschsprachigen Bevölkerung ab 14 Jahre kostenpflichtige (legale) Streaming-Dienste und sogar 43 % der Bevölkerung ab 14 Jahre Online-Mediatheken der Fernsehsender.[92]

---

[89] Vgl. Schilder, Peter, Frankfurter Allgemeine Zeitung, Artikel zum kino.to-Prozess, Frankfurt 2012, unter: http://www.faz.net/aktuell/feuilleton/medien/kino-to-prozess-manchmal-sogar-sehr-viel-geld-11776674-p2.html

[90] Vgl. Brüggemann, Sebastian, Streaming – Moderner Medienkonsum und strafrechtliche Verantwortlichkeit, in: Jura, Studium & Examen (JSE), Tübingen 2013, S. 301.

[91] Vgl. Brüggemann, Sebastian, Streaming – Moderner Medienkonsum und strafrechtliche Verantwortlichkeit, in: Jura, Studium & Examen (JSE), Tübingen 2013, S. 301.

[92] Vgl. Schröder, Jens, Korrespondent der MEEDIA GmbH & Co. KG, Artikel zur Online-Studie ARD / ZDF, Hamburg 2017, unter: http://meedia.de/2017/10/12/streamingdienste-bei-den-14-bis-29-jaehrigen-schon-erfolgreicher-als-tv-mediatheken-netflix-bei-taeglichen-nutzern-vorn/

5.5.1 Streaming – technische Funktionsweise

Beim Streaming werden die Daten anders als bei einem gewöhnlichen Server- oder Peer-to-Peer-Download stetig übertragen, wodurch eine Wiedergabe der Datei in Echtzeit möglich ist, ohne dass diese komplett heruntergeladen werden muss.[93] Es erfolgt eine Datenübertragung, sobald der Nutzer das Medium, z.B. einen Film oder einen Musiktitel, welcher gestreamt werden soll, aufruft. Dabei werden einzelne Datenpakete auf dem eigenen Rechner zwischengespeichert, dekodiert und wiedergegeben. Temporär werden also Daten durch den Streaming-Vorgang auf dem Rechner des Nutzers zwischengespeichert, dies geschieht entweder auf dem Arbeitsspeicher des Computers oder in einem vorübergehenden Verzeichnis auf der Festplatte. Nach bestimmten Zeitabständen oder mit Herunterfahren des Computers werden diese Daten jedoch auch wieder gelöscht. Im Bereich des Streaming wird zwischen zwei Arten der Übertragung unterschieden: dem sogenannten „Live-Streaming" und dem Streaming „On Demand" (auf Abruf). Das Live-Streaming, welches insbesondere für die Übertragung von Sportereignissen oder anderen Events eingesetzt wird, bietet dem Nutzer keinerlei Einflussnahme auf die Übertragung. Anfang und Ende des Streaming richten sich nach dem Zeitpunkt des übertragenen Ereignisses und können daher nicht vom Nutzer verändert werden. Anders verhält es sich beim Streaming auf Abruf, also „On Demand". Hierbei kann der Nutzer den Beginn und das Ende des Streaming frei bestimmen und sogar pausieren oder vor- und zurückspulen. Beim Streaming auf Abruf hat der Nutzer zudem die Möglichkeit, die gleiche Übertragung wiederholt anzuschauen, er kann also vollen Einfluss nehmen.[94]

5.5.2 Streaming – urheberrechtliche Handlungen und Verstöße

Am Beispiel YouTube als legale Streaming-Plattform wird deutlich, dass es für Nutzer nicht immer sofort ersichtlich ist, ob der Urheber selbst derjenige ist, der sein Werk hochgeladen und damit zur Ansicht für alle Nutzer freigegeben hat oder ob es sich womöglich um ein fremdes und damit urheberrechtlich geschütztes Werk handelt. Wie bereits in den Kapiteln 5.2.1 bis 5.2.3 beschrieben, liegen bei der Vervielfältigung durch Herunterladen oder Einstellen im Internet (§ 16 UrhG),

---

[93] Vgl. Brüggemann, Sebastian, Streaming – Moderner Medienkonsum und strafrechtliche Verantwortlichkeit, in: Jura, Studium & Examen (JSE), Tübingen 2013, S. 286.

[94] Vgl. Brüggemann, Sebastian, Streaming – Moderner Medienkonsum und strafrechtliche Verantwortlichkeit, in: Jura, Studium & Examen (JSE), Tübingen 2013, S. 286-287.

der Verbreitung im Internet (§ 17 Abs. 1 UrhG) und der öffentlichen Zugänglich-machung im Internet (§ 19a UrhG) mögliche Urheberrechtsverletzungen vor, soll-te bei diesen Handlungen kein Einverständnis des Urhebers oder Rechteinhabers vorliegen. Während alle drei dieser Punkte im Falle von illegalen Streaming-Plattformen oder Angeboten vor allem die Betreiber dieser Seiten betreffen, ist es besonders die Vervielfältigung der Werke, welche die Nutzer von Streaming-Diensten direkt betrifft. So verstoßen Anbieter von Werken auf Streaming-Plattformen, regelmäßig gegen mehrere urheberrechtlich geschützte Rechte, wo-hingegen die Nutzer solcher Plattformen hauptsächlich mit dem Verstoß gegen das Vervielfältigungsrecht laut UrhG in Kontakt geraten. Da gemäß § 16 Abs. 1 kein Unterschied zwischen einer vorübergehenden oder dauerhaften Vervielfälti-gung gemacht wird, ist also auch das Zwischenspeichern von Datenpaketen beim Vorgang des Streaming eine Vervielfältigungshandlung gemäß Urheberrechtge-setz. Nach § 16 Abs. 1 und Abs. 2 UrhG ist die Art der Vervielfältigungstechnik also nicht entscheidend, das Vervielfältigungsrecht greift somit bereits bei vorüberge-hender Datenspeicherung von Teilen des Werkes, wie es im Falle des Streaming typischerweise vonstattengeht.[95] Im Ergebnis fallen bei jeder Form des Streaming Speichervorgänge an, wenn auch nur von vorübergehender Natur. Eben diese Zwischenspeicherungen sind aber für den technischen Ablauf des Streaming un-abdingbar.[96] Insofern handelt sich es beim Streaming um eine Vervielfältigungs-handlung gemäß UrhG und um eine Urheberrechtsverletzung, wenn keine Einwil-ligung des Urhebers oder Rechteinhabers des betroffenen Werkes zugrunde liegt, was auf illegalen Streaming-Plattformen regelmäßig der Fall ist. Allerdings ver-weisen die Schrankenbestimmungen des UrhG durch §§ 44a ff. und auch § 53 I 1 UrhG (Privatkopie) auf eine noch unklare und nicht eindeutig definierte Rechtsla-ge. Gemäß § 53 I 1 UrhG ist eine einzelne Vervielfältigung durch eine natürliche Person zum privaten Gebrauch zulässig, soweit diese nicht Erwerbszwecken dient, was beim privaten Streaming zutreffend ist. Allerdings verweist die Rechts-norm weiter auch darauf, dass für die Vervielfältigung als Privatkopie keine offen-sichtlich rechtswidrig hergestellte oder rechtswidrig öffentlich zugänglich ge-machte Vorlage verwendet werden darf. Bei Portalen wie kino.to oder kinox.to,

---

[95] Vgl. Hetmank, Sven, Internetrecht – Grundlagen, Streitfragen, aktuelle Entwicklungen, Sprin-ger Fachmedien, Wiesbaden 2016, S. 130.

[96] Vgl. Brüggemann, Sebastian, Streaming – Moderner Medienkonsum und strafrechtliche Ver-antwortlichkeit, in: Jura, Studium & Examen (JSE), Tübingen 2013, S. 292 f.

wo nicht nur aktuelle (Kino)-Filme sondern auch ganze TV-Serien zum Abruf bereit stehen, sollten die Nutzer im Normalfall erkennen, dass es sich hier um nicht lizenzierte Angebote handelt und eine Nutzung damit entsprechend rechtswidrig ist.[97] Insofern kann die Schranke des § 53 UrhG bei illegalen Streaming-Plattformen im Regelfall nicht vor einer Urheberrechtsverletzung schützen. Dazu im Gegensatz stellt die Schrankenbestimmung des § 44a jedoch nicht auf die (offensichtliche) Rechtswidrigkeit der Vorlage für die Vervielfältigungshandlung ab, sondern stützt sich alleine auf die Rechtmäßigkeit der Nutzung und den technischen Vorgang.[98] Hier ist also nicht eindeutig festgelegt, ob und inwieweit eine Urheberrechtsverletzung bei der Nutzung eines illegalen Streaming-Angebots vorliegt. So wirft das Streaming-Verfahren im Zusammenhang mit dem Urheberrecht etliche rechtliche Fragen auf, die teilweise anhand der Rechtsprechung (noch) nicht eindeutig geklärt werden können und wo, zumindest rechtlich, oftmals eine juristische Grauzone vorliegt. Ebenfalls strittig ist dabei auch, bis wann es sich nur um eine vorübergehende Zwischenspeicherung handelt und in welchen Fällen nicht sogar eine dauerhafte Vervielfältigung angenommen werden muss.[99]

5.5.3 Streaming – aktuelle Entwicklung der Rechtslage

Die Nutzer von (illegalen) Streaming-Angeboten hatten bislang keine rechtlichen Konsequenzen zu befürchten, sofern sich ihre Nutzung auf den bloßen Genuss der angebotenen Inhalte eingrenzte. Die dabei vorübergehende Vervielfältigung der geschützten Werke als Bestandteil des technischen Verfahrens des Streaming unter der Schrankenbestimmung gemäß § 44a Nr. 2 UrhG rechtfertigte dabei auftretende Urheberrechtsverletzungen, selbst wenn die Quelle hierbei eindeutig rechtswidrig war.[100]

Durch ein jüngstes Urteil in der europäischen Rechtsprechung ist die „juristische Grauzone" Streaming im Internet im Zusammenhang mit Urheberrechtsverlet-

---

[97] Vgl. Brüggemann, Sebastian, Streaming – Moderner Medienkonsum und strafrechtliche Verantwortlichkeit, in: Jura, Studium & Examen (JSE), Tübingen 2013, S. 294.

[98] Vgl. Brüggemann, Sebastian, Streaming – Moderner Medienkonsum und strafrechtliche Verantwortlichkeit, in: Jura, Studium & Examen (JSE), Tübingen 2013, S. 294.

[99] Vgl. Brüggemann, Sebastian, Streaming – Moderner Medienkonsum und strafrechtliche Verantwortlichkeit, in: Jura, Studium & Examen (JSE), Tübingen 2013, S. 295.

[100] Vgl. Brüggemann, Sebastian, Streaming – Moderner Medienkonsum und strafrechtliche Verantwortlichkeit, in: Jura, Studium & Examen (JSE), Tübingen 2013, S. 300.

zungen jedoch wieder stärker in den Fokus der Öffentlichkeit gerückt und könnte in Zukunft auch Auswirkungen auf Nutzer von illegalen Streaming-Plattformen in Deutschland haben.[101] Ausgerechnet am 26. April 2017 und damit bezeichnenderweise am Welttag des geistigen Eigentums, hat der Europäische Gerichtshof (EuGH) ein Urteil erlassen, welches illegales Streaming im Internet als Urheberrechtsverletzung kennzeichnet. Der EuGH hat unter dem Aktenzeichen C-527/15 der Klage einer niederländischen Stiftung entsprochen, welche auf diesem Wege rechtlich gegen den Verkauf eines speziellen Medienabspielers auf einer niederländischen Webseite namens „Filmspeler" vorging.[102] Mit Hilfe von illegalen Raubkopien von Filmen und der auf der Webseite geschalteten Werbung generierte diese Webseite Einnahmen, mittels Mausklick konnten die Inhalte von der Seite abgerufen und zuhause auf dem eigenen Rechner oder Fernseher wiedergegeben werden. Die auf dem Medienabspieler installierte Software enthielt Komponenten, welche zu Webseiten führten, auf denen Internetnutzern urheberrechtlich geschützte Werke ohne Einwilligung der Urheber oder Rechteinhaber zugänglich gemacht werden.[103] Unter den Inhalten dieser Streaming-Portale befanden sich auch zahlreiche aktuelle Kinofilme, welche von Dritten über das Internet hochgeladen worden waren. Der EuGH hat mit seinem Urteil entschieden, dass durch den Verkauf solcher Mediaplayer eine öffentliche Wiedergabe von urheberrechtlich geschützten Werken vorgenommen wird. Zwar bezieht sich das Urteil im konkreten Fall auf die Webseite Filmspeler, allerdings könnte diese Rechtsprechung zukünftig auf jedes Medium angewendet werden, mit dem Streaming möglich ist, zum Beispiel auch konkret Computer oder andere Endgeräte, wie Smartphones.[104] Das Urteil des EuGH bewirkt also, dass die vorübergehende Vervielfältigung von urheberrechtlich geschützten Werken durch Streaming von der Inter-

---

[101] Vgl. Sindram, Tobias, ARD-Rechtsredaktion, Achtung beim Streamen!, Artikel zum EuGH-Urteil, SWR, Stuttgart 2017, unter: https://www.tagesschau.de/ausland/eugh-streamen-101.html

[102] Vgl. Ost, Hartmut, Presse und Information des EuGH, Pressemitteilung Nr. 40/15 in der Rechtssache C-527/15, Luxemburg 2017, unter: https://curia.europa.eu/jcms/upload/docs/application/pdf/2017-04/cp170040de.pdf

[103] Vgl. InfoCuria – Rechtsprechung des Gerichtshofs, Urteil des Gerichtshofs (Zweite Kammer), Luxemburg 2017, unter: http://curia.europa.eu/juris/document/document.jsf?text=&docid=190142&pageIndex=0&doclang=DE&mode=req&dir=&occ=first&part=1

[104] Vgl. Kühl, Eike und Otto, Ferdinand, EuGH erschwert illegales Streamen von Filmen, ZEIT ONLINE GmbH, Hamburg 2017, unter: http://www.zeit.de/digital/internet/2017-04/streaming-mediaplayer-eu-recht-urheberrecht-internet-vervielfaeltigungsrecht

netseite eines Dritten, auf der dieses Werk ohne Erlaubnis des Urhebers angeboten wird, unter das Vervielfältigungsrecht fällt und damit nur dem Urheber selbst zusteht.

Anhängend ein Auszug aus der Pressemitteilung des EuGH zu dem Urteil:

> „Der Verkauf eines multimedialen Medienabspielers, mit dem kostenlos und einfach auf einem Fernsehbildschirm Filme angesehen werden können, die rechtswidrig im Internet zugänglich sind, kann eine Urheberrechtsverletzung darstellen - Der Verkauf eines multimedialen Medienabspielers, mit dem kostenlos und einfach auf einem Fernsehbildschirm Filme angesehen werden können, die rechtswidrig im Internet zugänglich sind, kann eine Urheberrechtsverletzung darstellen."
>
> (Pressemitteilung Nr. 40/17 Gerichtshof der Europäischen Union - Luxemburg, den 26. April 2017)

Aus der bislang „juristischen Grauzone" des Internet-Streaming ist also, zumindest nach europäischer Rechtsprechung, eine urheberrechtliche Beeinträchtigung mit entsprechenden möglichen rechtlichen Konsequenzen geworden. Bis dato gab es noch keine konkreten Gerichtsurteile in diesem Bereich, Nutzer von illegalen Streaming-Portalen konnten sich daher zumeist auf das vorübergehende Zwischenspeichern und in diesem Zusammenhang besonders auf § 44a UrhG berufen. In seinem Urteil verdeutlichte der EuGH zudem, dass die Nutzer der Webseite „Filmspeler" keinen juristischen Schutz genießen können, da sie ganz bewusst und kostenlos auf illegale Streams Zugriff genommen haben.[105] „Nach diesem EuGH-Urteil verstößt also zukünftig jeder einzelne Nutzer, welcher mit Hilfe seines Computers bewusst illegale Streaming-Seiten besucht, aller Wahrscheinlichkeit nach gegen das Urheberrecht", so Jura-Professor Benjamin Raue. Nach Ansicht des Trierer Professors sei auch eine Verallgemeinerung des Urteils möglich.[106] Bislang ist jedoch noch keine Anpassung der EuGH Rechtsprechung an das deutsche Recht erfolgt, sodass nach aktuellem Stand das deutsche Urheberrecht nur indirekt von diesem Urteil betroffen ist. Allerdings müssen Nutzer im Internet seit dem Urteil deutlich umsichtiger und vorsichtiger sein, um mögliche rechtliche

---

[105] Vgl. Sindram, Tobias, ARD-Rechtsredaktion, Achtung beim Streamen!, Artikel zum EuGH-Urteil, SWR, Stuttgart 2017, unter: https://www.tagesschau.de/ausland/eugh-streamen-101.html

[106] Vgl. Sindram, Tobias, ARD-Rechtsredaktion, Achtung beim Streamen!, Artikel zum EuGH-Urteil, SWR, Stuttgart 2017, unter: https://www.tagesschau.de/ausland/eugh-streamen-101.html

Konsequenzen in Form von Abmahnungen zu vermeiden.[107] Die Entscheidung des EuGH lässt sich zudem auf illegale Streaming-Plattformen wie beispielsweise kinox.to, dem Nachfolger von kino.to, übertragen. Bislang fiel der Abruf solcher Webseiten in eine juristische Grauzone für die Nutzer, was sich nun jedoch geändert hat.[108] Der auf IT-Recht und Medienrecht spezialisierte Anwalt Christian Solmecke sieht in dem EuGH-Urteil „eine klare Haltung und Positionierung zur Seite der Rechteinhaber und Urheber." „In Zukunft werden deutsche Gerichte in eventuellen Verfahren zu dieser Thematik die Sichtweise des EuGH beachten müssen", so Solmecke.

---

[107] Vgl. Nöthling, Timo, Illegales Streaming: Was änderte sich seit dem EuGH-Urteil wirklich?, Quotenmeter GmbH, Würzburg 2017, unter:
http://www.quotenmeter.de/n/94815/illegales-streaming-was-aenderte-sich-seit-dem-eugh-urteil-wirklich

[108] Vgl. Nöthling, Timo, Illegales Streaming: Was änderte sich seit dem EuGH-Urteil wirklich?, Quotenmeter GmbH, Würzburg 2017, unter:
http://www.quotenmeter.de/n/94815/illegales-streaming-was-aenderte-sich-seit-dem-eugh-urteil-wirklich

6 Entwicklung des Urheberrechts

Anhand der technischen Entwicklung und Digitalisierung in unserer Gesellschaft und der in dieser Arbeit bereits beleuchteten Problematik und Vielzahl von rechtlichen Fragestellungen wird deutlich, dass auch das Urheberrecht in der deutschen Rechtsprechung an unsere digitale Gesellschaft angepasst werden muss. Es gab bereits einige Reformen des Urheberrechts in der Bundesrepublik Deutschland über die letzten Jahre, insbesondere die am 22. Juni 2001 vom Europäischen Parlament verabschiedete „Richtlinie 2001/29/EG zur Harmonisierung bestimmter Aspekte des Urheberrechts und der verwandten Schutzrechte in der Informationsgesellschaft"[109] führte zu Änderungen und Ergänzungen der Rechtsvorschriften des Urheberrechtsgesetzes in Deutschland.

6.1 Urheberrechtsreformen in Deutschland

Konkret umgesetzt wurde die Richtlinie des Europäischen Parlaments in der deutschen Rechtsprechung durch das „Gesetz zur Regelung des Urheberrechts in der Informationsgesellschaft" vom 10. September 2003. Der so genannte „Erste Korb" der Urheberrechtsreform regelte unter anderem die öffentliche Zugänglichmachung durch Veröffentlichungen im Internet als neue Verwertungsart im Urheberrecht.[110] Einige Jahre später folge mit dem „Zweiten Gesetz zur Regelung des Urheberrechts in der Informationsgesellschaft" der so genannte „Zweite Korb" der Urheberrechtsreform. Am 5. Juli 2007 verabschiedete der Bundestag das Gesetz und am 01. Januar 2008 trat der „Zweite Korb" in Kraft. Wichtige Punkte der Neuerungen waren dabei unter anderem die Tatsache, dass private Kopien auch in digitaler Form zulässig sind, eine Privatkopie durch das Umgehen eines Kopierschutzes unzulässig ist und dass Downloads aus Tauschbörsen im Internet urheberrechtlich verfolgt werden können.[111]

---

[109] Vgl. Amtsblatt der Europäischen Gemeinschaften, Richtlinie 2001/29/EG des Europäischen Parlaments und des Rates vom 22. Mai 2001, unter:
http://www.urheberrecht.org/topic/Info-RiLi/eu/l_16720010622de00100019.pdf

[110] Vgl. Stöhr, Elena, Online-Redaktion Deutscher Bibliotheksverband e.V. (dbv), Urheberrechtsreform – Weichenstellung für die Zukunft der Bibliotheksarbeit, Berlin 2008, unter:
http://www.bibliotheksportal.de/themen/recht/urheberrechtsreform.html

[111] Vgl Wien, Andreas, Internetrecht – eine praxisorientierte Einführung, 3. Auflage, Gabler Verlag / Springer Fachmedien, Wiesbaden, 2012, S. 55 f.

Im Jahre 2010 veröffentlichte dann Bernd Neumann, Staatsminister für Kultur und Medien, ein Zwölf-Punkte-Papier mit dem Titel „Ohne Urheber keine kulturelle Vielfalt",[112] in dem er konkret auf die Probleme des Urheberrechts im Zusammenhang mit den neuen Informations- und Kommunikationstechnologien einging. Seiner Ansicht nach sei eine Ausgestaltung der rechtlichen Bedingungen nicht nur von wirtschaftlicher, sondern auch von ideeller Bedeutung. Die kulturelle Vielfalt befinde sich in Gefahr, sollte sie nicht durch weitere Reformen und Gesetzesanpassungen im Urheberrecht stärker und konkreter geschützt werden. Die Bundesregierung setzte sich daher für ein starkes Urheberrecht ein, welches sowohl online als auch offline gelte.[113]

Eine geplante weitere Urheberrechtsreform, der „Dritte Korb", sollte ursprünglich im Laufe des Jahres 2012 mit einem Referentenentwurf für die Neufassung des deutschen Urheberrechts vorgelegt werden.[114] Erste Anhörungen zum Dritten Korb wurden bereits 2010 vom Bundesjustizministerium aufgenommen, 2011 wurden die Anhörungen abgeschlossen, allerdings gab es bis Abschluss der Legislaturperiode keine Vorlage eines Referentenentwurfs. Anstatt einer weiteren Reform in Form eines Dritten Korbs wurde das Urhebergesetz im Jahr 2013 durch einige einzelne Gesetze geändert, so traten unter anderem ein Leistungsschutzrecht für Presseverlage, eine Schutzfristverlängerung, ein Gesetz zur Nutzung verwaister Werke und eine Deckelung der Abmahngebühren im Rahmen des Gesetzes gegen unseriöse Geschäftspraktiken in Kraft.[115]

---

[112] Vgl. Neumann, Bernd, Ohne Urheber keine kulturelle Vielfalt, Positionspapier des Staatsministers für Kultur und Medien, Berlin 2010, unter:
https://www.bundesregierung.de/Content/DE/_Anlagen/BKM/2011-12-28-positionspapier-neu.pdf?_blob=publicationFile&v=2

[113] Vgl. Mohr, Oliver, Urheberrecht in der digitalen Welt, Presse- und Informationsamt der Bundesregierung, Berlin 2010, unter:
https://www.bundesregierung.de/Webs/Breg/DE/Bundesregierung/BeauftragtefuerKultur undMedien/medien/urheberrechtdigitaleWelt/_node.html

[114] Vgl Wien, Andreas, Internetrecht – eine praxisorientierte Einführung, 3. Auflage, Gabler Verlag / Springer Fachmedien, Wiesbaden, 2012, S. 56.

[115] Noack, Anne-Mette, Der 3. Korb des Urheberrechtsgesetzes, Börsenverein des Deutschen Buchhandels e.V., Frankfurt am Main 2014, unter:
https://www.boersenverein.de/de/404789

6.2 Aktuelle Entwicklungen in Deutschland

In den letzten Jahren gab es, trotz weiter voranschreitender Digitalisierung, nur wenige weitreichende Änderungen im Urheberrecht, die letzten umfangreichen Reformen liegen bereits Jahre zurück. Doch am 12. April 2017 hat die Bundesregierung einem vorgelegten Gesetzesentwurf zur Ausgleichung des Urheberrechts an die aktuellen Erfordernisse der Wissensgesellschaft zugestimmt.[116] Der Entwurf für dieses Gesetz wurde von dem Bundesminister der Justiz und für Verbraucherschutz Heiko Maas vorgelegt, der sogleich Stellung zu dem Gesetz nahm: „Bildung und Forschung sind für Deutschland als Wissenschafts- und Wirtschaftsstandort von herausragender Bedeutung. Wir brauchen ein modernes Urheberrecht, um die immensen Potentiale digitaler Inhalte für Bildung und Forschung nutzbar zu machen. Mit unserem Gesetzentwurf modernisieren wir das Wissenschafts-Urheberrecht grundlegend." [...] „Denn: Die kreative Leistung von Wissenschaftsautoren ist ebenso zu honorieren, wie die Investition der Wissenschaftsverlage in die Herstellung und Verbreitung der geschützten Inhalte."

Der Gesetzesentwurf regelt u.a., wann urheberechtlich geschützte Werke, wie Texte, Filme oder andere Medien für Unterricht oder Forschung eingesetzt und verwendet werden dürfen. Künftig soll den Nutzern in Schulen, Universitäten oder Museen die Arbeit mit geschützten Werken so deutlich erleichtert werden.[117]

Am 30. Juni 2017 hat der Deutsche Bundestag auf Empfehlung des Rechtsausschusses das Gesetz zur Angleichung des Urheberrechts an die aktuellen Erfordernisse der Wissensgesellschaft (UrhWissG) schließlich beschlossen und der Bundesrat hat am 7. Juli 2017 bekannt gegeben, keine Einwände gegen das Gesetz zu erheben.[118] Das UrhWissG muss nach vier Jahren sach- und fachgerecht unter-

---

[116] Vgl. Bischoff, Thorsten, Bundesregierung beschließt neues Urheberrecht zur Förderung von Bildung und Wissenschaft, Bundesministerium der Justiz und für Verbraucherschutz, Berlin 2017, unter:
http://www.bmjv.de/SharedDocs/Pressemitteilungen/DE/2017/04122017_Urheber_Wissenschafts_Gesetz.html

[117] Vgl. Bischoff, Thorsten, Bundesregierung beschließt neues Urheberrecht zur Förderung von Bildung und Wissenschaft, Bundesministerium der Justiz und für Verbraucherschutz, Berlin 2017, unter:
http://www.bmjv.de/SharedDocs/Pressemitteilungen/DE/2017/04122017_Urheber_Wissenschafts_Gesetz.html

[118] Vgl. Bischoff, Thorsten, Gesetz zur Angleichung des Urheberrechts an die aktuellen Erfordernisse der Wissensgesellschaft (UrhWissG), Bundesministerium der Justiz und für Verbraucherschutz, Berlin 2017, unter:

sucht und bewertet werden und gilt daher zunächst einmal nur bis Ende Februar 2023. In Kraft treten wird das UrhWissG am 1. März 2018, der Gesetzgeber hat mit dieser Reform der Regelungen zur Nutzung urheberrechtlicher Werke in Bildung und Wissenschaft eine übersichtliche und leicht verständliche Änderung der Urheberechts veranlasst, welche zeitgemäß und praxistauglich ist.[119] Die sechs zentralen Schrankenregelung des Gesetzes werden in den §§ 60a bis 60f UrhG geregelt. Insgesamt ist die Reform ein Schritt zu nutzerfreundlicheren Rechtsnormen im Urheberrecht und gleichzeitig eine Anpassung der Gesetzesvorschrift in Bezug auf die einhergehende Digitalisierung.[120]

Auch Bundeskanzlerin Angela Merkel hat sich jüngst zur Thematik des Urheberrechts in der (digitalen) Gesellschaft geäußert und in ihrer Rede am 10. Oktober dieses Jahres auf der Frankfurter Buchmesse dazu Stellung bezogen.[121]

Anhängend der betroffene Auszug ihrer Rede:

„Das Urheberrecht in der digitalen Welt hat im Augenblick einen ausgesprochen schwierigen Stand. Ich spreche mich hier ausdrücklich dafür aus, dass diejenigen, die im Kunst-, Kultur- und Literaturbereich tätig sind, hierfür ein angemessenes Entgelt erhalten müssen – und nicht nur müssen, sondern sollen, weil sich darin die Wertschätzung der Arbeit ausdrückt, die viele, viele andere überhaupt nicht leisten können. Davon bin ich zutiefst überzeugt.

Wir leben in einer Demokratie, aber ich habe in den letzten acht Jahren erlebt, dass es weder auf europäischer Ebene noch auf deutscher Ebene gelungen ist, eine umfassende Antwort auf die Rolle des Urheberrechts in der digitalen Welt zu

---

http://www.bmjv.de/SharedDocs/Gesetzgebungsverfahren/DE/UrhWissG.html;jsessionid=0440396223D87B0746B23F174AD02243.1_cid324?nn=6705022

[119] Vgl. Bundesministerium für Bildung und Forschung, Bildung, Wissenschaft und Forschung im Zeitalter der Digitalisierung: Modernisierung des Urheberrechts beschlossen, Berlin 2017, unter: https://www.bildung-forschung.digital/de/bildung-wissenschaft-und-forschung-im-zeitalter-der-digitalisierung-modernisierung-des-1964.html

[120] Vgl. Bundesministerium für Bildung und Forschung, Bildung, Wissenschaft und Forschung im Zeitalter der Digitalisierung: Modernisierung des Urheberrechts beschlossen, Berlin 2017, unter: https://www.bildung-forschung.digital/de/bildung-wissenschaft-und-forschung-im-zeitalter-der-digitalisierung-modernisierung-des-1964.html

[121] Vgl. Bischoff, Thorsten, Rede von Bundeskanzlerin Merkel zur Eröffnung der Frankfurter Buchmesse am 10. Oktober 2017 in Frankfurt am Main, Bundesministerium der Justiz und für Verbraucherschutz, Berlin 2017, unter: unter: https://www.bundesregierung.de/Content/DE/Rede/2017/10/2017-10-11-rede-merkel-buchmesse.html

finden, dass es zumindest nicht gelungen ist, dafür die aus meiner Sicht richtigen Mehrheiten zu finden. Ich muss Sie bitten, dass wir weiter gemeinsam dafür streiten, eine Versöhnung zwischen dem digitalen Zugang und der Wahrung und Achtung des Wertes der kulturellen, geistigen, schöpferischen Kraft zu schaffen. Das haben wir bis heute nicht geschafft. Wir haben ganze Legislaturperioden lang gar kein Gesetz zu dieser Thematik verabschiedet, was aber zu einer schleichenden Erosion dessen führt, was ich das Recht der Urheber nenne. [...] „Es kann nicht sein, dass wir jetzt auch im achten Jahr – zwei Legislaturperioden lang – gar nichts zu diesen Dingen sagen, weil sozusagen die Avantgardisten des Digitalen und die Schützer des geistigen Rechts anscheinend nie zusammenkommen und eine Lösung finden. Ich werde aber die Gelegenheit dieser Buchmesse dazu nutzen – Emmanuel Macron und ich werden gemeinsam darauf hinwirken –, europäische Lösungen zu finden. Aber wir brauchen dafür Ihre Unterstützung. Darum bitte ich."

Im Kern verweist Angela Merkel auf die Problematik des Urheberrechts in der digitalen Gesellschaft und dass es sowohl in der deutschen als auch europäischen Rechtsprechung bislang nicht gelungen sei, alle rechtlichen Fragen, die das Urheberrecht im Zuge der Digitalisierung aufwirft, zu beantworten und klären. Ebenfalls macht sie auf die Tatsache aufmerksam, dass eine umfangreiche Reform des Urheberrechtsgesetzes schon weit zurückliege (über acht Jahre, der Zweite Korb der Urheberrechtsreform trat am 01. Januar 2008 in Kraft). Jedoch lässt sich in ihrer Rede erkennen, dass sie und damit auch die Bundesregierung erkannt habe, dass das Urheberrechtsgesetz dringend an die technischen Fortschritte angepasst und im Zuge der Digitalisierung auch weiter verändert und modernisiert werden müsse. Die Verabschiedung des UrhWissG ist dabei sicherlich ein Schritt in die richtige Richtung.

6.3 Aktuelle Entwicklungen in Europa

Auch auf europäischer Ebene ist das Urheberrecht in den letzten Jahren ein politisches Thema gewesen, dies ist auch unabdingbar, da eine Anpassung des Urheberrechts auf die veränderten Gegebenheiten der Digitalisierung nicht bloß auf nationaler Ebene erfolgen kann, sondern seinen Ausgangspunkt in der europäischen Rechtsprechung haben muss.[122] Eine Reformierung des Urheberechts steht bereits seit einiger Zeit auf der digitalen Agenda der europäischen Union, eine erste Zukunftsaussicht auf mögliche Reformen gab es zu Beginn des Jahres 2015 von Seiten des Europäischen Parlaments, als Europarechtsabgeordnete Julia Reda einen Bericht für die Umsetzung der Urheberrechtsrichtlinie (UrhRil) vorlegte.[123] In diesem Bericht macht Reda deutlich, dass mittlerweile „praktisch jeder in Tätigkeiten involviert ist, die mit dem Urheberrecht zusammenhängen", und das Urheberrecht eine zentrale Funktion im Alltag der meisten europäischen Staatsbürger einnehme. Der Berichtsentwurf wurde, allerdings mit zahlreichen Änderungen, vom EU-Parlament verabschiedet, gleichzeitig wurde seitens des EU-Parlaments eingeräumt, dass das Urheberrecht an unser digitales Zeitalter angepasst werden müsse und besonders die Schrankenregelungen und Ausnahmen des Urheberrechts an die digitale Gesellschaft angeglichen gehören.[124] Daher ist es nun Aufgabe der Europäischen Kommission, konkrete Gesetzesvorschläge für eine Modernisierung und Anpassung des EU-Urheberrechts vorzuschlagen.[125]

In einer Pressemitteilung vom 14. September 2016 äußerte sich der Präsident der Europäischen Kommission, Jean-Claude Juncker, zu dieser Thematik wie folgt: „Ich möchte, dass Journalisten, Verleger und sonstige Urheber eine faire Vergütung für ihre Arbeit erhalten, unabhängig davon, ob sie in Studios oder zuhause arbeiten, ob die Ergebnisse ihrer Arbeit im Internet oder offline verbreitet werden, ob sie mit einem Kopiergerät vervielfältigt oder kommerziell im Internet verlinkt werden."

Anlässlich der Rede Junckers zur Lage der Union 2016 legte die Europäische Kommission dabei Vorschläge für eine Modernisierung des Urheberechts vor, mit dem Ziel, die kulturelle Vielfalt in Europa und die Verfügbarkeit von Inhalten über

---

[122] Vgl. Ziegler Katharina, Urheberrechtsverletzungen durch Social Sharing, Mohr Siebeck Verlag, Tübingen 2016, S. 256.

[123] Vgl. Europäisches Parlament, Entwurf eines Berichts über die Umsetzung der RL 2001/29/EG vom 15.1.2015, in deutscher Übersetzung abrufbar unter: http://www.europarl.europa.eu/sides/getDoc.do?type=COMPARL&reference=PE-546.580&format=PDF&language=DE&secondRef=02

[124] Vgl. Europäisches Parlament, Entschließung des Europäischen Parlaments vom 9. Juli 2015 zur Umsetzung der RL 2001/29/EG, in deutscher Übersetzung abrufbar unter: http://www.europarl.europa.eu/sides/getDoc.do?pubRef=-//EP//NONSGML+TA+P8-TA-2015-0273+0+DOC+PDF+V0//DE

[125] Vgl. Ziegler Katharina, Urheberrechtsverletzungen durch Social Sharing, Mohr Siebeck Verlag, Tübingen 2016, S. 257.

das Internet zu fördern und dabei gleichzeitig klarere Regeln für alle Nutzer im Internet zu definieren.[126] Mit dem Hauptziel, einen digitalen Binnenmarkt für Europa zu erschaffen, bestehen die zentralen Punkte der Kommission in ihren Vorschlägen aus: mehr Auswahl und leichterem Zugang zu Inhalten im Internet und über Grenzen hinweg, ein besseres Urheberrecht im Hinblick auf Bildung, Forschung, das Kulturerbe und die Eingliederung von behinderten Menschen und einem gerechteren und tragfähigeren Markt für Urheber, die Kultur- und Kreativwirtschaft sowie die Presse.

Andrus Ansip, der für den digitalen Binnenmarkt zuständige Vizepräsident der Kommission, erklärte dazu: „Die europäischen Bürger wollen über die Grenzen hinweg Zugang zu den reichen und vielfältigen Kulturgütern Europas haben. Mit unserem Vorschlag wird sichergestellt, dass mehr Inhalte verfügbar sein werden, da das europäische Urheberrecht der neuen digitalen Welt angepasst wird. Europäische Kreativinhalte sollten nicht unzugänglich sein, müssen aber umfassend geschützt werden, insbesondere um bessere Vergütungsmöglichkeiten für die europäischen Urheber zu erreichen. Wir haben versprochen, alle unsere Initiativen zur Schaffung eines digitalen Binnenmarkts bis zum Ende des Jahres vorzulegen, und wir halten unser Versprechen. Ohne einen reibungslos funktionierenden digitalen Binnenmarkt wird es weniger Kreativität, Wachstum und Arbeitsplätze geben.“

Ergänzend dazu erklärte Günther Oettinger, EU-Kommissar für die digitale Wirtschaft und Gesellschaft: „Unsere Kreativwirtschaft wird von diesen Reformen profitieren. Mit ihnen bewältigen wir die Herausforderungen des Digitalzeitalters und bieten den europäischen Verbrauchern eine größere Auswahl an Inhalten. Die von uns vorgeschlagenen urheberrechtlichen Rahmenbedingungen sind stimulierend und gerecht und Investitionen werden belohnt.“

Nach letzten aktuellen Meldungen wird über die Reform des EU-Urheberrechts erst im Jahr 2018 im Rechtsausschuss (JURI) des Europäischen Parlaments abgestimmt werden. Die bereits mehrfach verschobene Abstimmung über den Richtli-

---

[126] Vgl. Europäische Kommission, Pressemitteilung zur Lage der Union 2016: Kommission schlägt moderne Urheberrechtsvorschriften für die EU vor, damit die Kultur in Europa gedeihen und kulturelle Inhalte besser verbreitet werden können, Straßburg 2016, unter: http://europa.eu/rapid/press-release_IP-16-3010_de.htm

nienentwurf zum „Urheberrecht im digitalen Binnenmarkt" soll voraussichtlich am 25. Januar 2018 stattfinden.[127]

Es ist also erkennbar, dass sich in der jüngsten Vergangenheit und auch in Zukunft auf europäischer Ebene mit der Thematik des Urheberrechts in unserer modernen und digitalen Gesellschaft auseinandergesetzt wird und die Politik auch Vorschläge für eine Modernisierung und Verbesserung der Gesetzesvorschriften anstrebt und umsetzen möchte.

[127] Vgl. Lühr, Rüdiger, Redaktion Initiative Urheberrecht, Abstimmung über EU-Urheberrechtsrichtlinie erst 2018, Berlin 2017, unter:
http://www.urheber.info/aktuelles/2017-11-28_abstimmung-ueber-eu-urheberrechts-richtlinie-erst-2018

7 Fazit

Zunächst einmal ist festzuhalten, dass das Urheberecht eine zentrale und wichtige Stellung in unserer heutigen digitalen Gesellschaft einnimmt. Auf den verschiedensten Wegen und über unterschiedliche Medien kommt nahezu jeder von uns heutzutage mit dem Urheberrecht in Kontakt. Dabei nimmt das Internet die größte und entscheidende Rolle ein, beim einfachen Surfen im Netz, beim Posten, Teilen oder Liken von (womöglich urheberrechtlich geschützten) Inhalten auf sozialen Medien und Netzwerken sowie beim Streaming von Filmen oder Serien, überall ist das Urheberrecht heutzutage allgegenwärtig.

Mit der Nutzung des Internet ergeben sich, wie in dieser Arbeit bereits beschrieben, viele Chancen, aber auch viele Risiken, denn auch unwissend begangene Urheberrechtsverletzungen sind rechtswidrige Handlungen und können rechtliche Konsequenzen nach sich ziehen. In der digitalen Welt und Gesellschaft ist vielen die Rolle und die Tragweite des Urheberrechts scheinbar noch nicht vollständig bewusst, teilweise leichtfertig und unbekümmert wird im Internet mit geschützten Werken umgegangen, speziell der jüngeren Generation fehlt auch einfach ein Bewusstsein dafür, was rechtswidrig ist und was nicht. Inhalte zu teilen und zu veröffentlichen ist dabei längst Alltag und feste Gewohnheit geworden, soziale Medien und das Internet sind rund um die Uhr präsent und bestimmen das Leben derjenigen, die von Beginn an damit groß geworden und aufgewachsen sind.

Die fehlende Sensibilität in unserer Gesellschaft für urheberrechtlich geschützte Werke ist dabei ein großes Problem und wird kaum von heute auf morgen abzuwenden sein. Dabei ist besonders das Thema Streaming ein großer und zentraler Aspekt, die bislang existierenden juristischen Grauzonen für Nutzer von illegalen Streaming-Plattformen stellen dabei ein großes Problem dar. Die Beispiele kino.to oder kinox.to zeigen eindrucksvoll, wie viele Personen in Deutschland „bereit" sind, solche rechtwidrigen Angebote zu nutzen und gegen das Urheberrecht zu verstoßen, nur um womöglich das Geld für kostenpflichtige Streaming-Dienste oder Kinotickets zu sparen.

Mit dem EuGH-Urteil vom 26. April 2017 ist ein erster Schritt in die richtige Richtung gelungen, nach europäischen Recht ist eine Nutzung von illegalen Streaming-Angeboten nun eine eindeutige Verletzung des Urheberrechts. Es bleibt jedoch abzuwarten, ob und inwieweit dieses Urteil auf nationales Recht übertragen wird. Ein weiteres Problem beim illegalen Streaming bleibt jedoch auch weiterhin die Möglichkeit der rechtlichen Nachverfolgung, über Änderungen der IP-Adressen oder falsche Proxy-Serverangaben können Nutzer ihre Spuren im Internet gut verwischen und unkenntlich machen, dennoch setzen sich Nutzer von illegalen Streams nach aktueller Rechtsprechung nun einem deutlich größerem Risiko aus, endgültig gelöst ist die Problematik des Streaming im Zusammenhang mit Urheberrechtsverletzungen jedoch noch nicht. Das Urteil zeigt jedoch klar die Haltung und Positionierung der europäischen Politik auf, welche eine Modernisierung und Veränderung des Urheberrechts anstrebt. Mit den Vorschlägen zur Reform des Urheberrechts und dem Ziel eines digitalen Binnenmarkts für Europa bewegt sich die Politik auf europäischer Ebene in eine gute Richtung, die Tragweite des Problems ist erkannt worden, nun müssen allerdings auch zeitnah Lösungen und entsprechende Anpassungen präsentiert werden, um weiter mit der technischen Entwicklung Schritt halten zu können.

Auf nationaler Ebene wurde genau dies in den letzten Jahren verpasst, die letzte Reform des Urheberrechtgesetzes liegt bereits einige Jahre zurück, dies hat auch die Bundesregierung um Bundeskanzlerin Merkel nun endlich erkannt und mit dem in Kraft treten des UrhWissG ab dem 1. März 2018 ist ebenfalls ein Anfang getan, um das Urheberrecht an die Bedingungen und Maßstäbe der digitalen Gesellschaft anzupassen. Im Zuge der Globalisierung wird es jedoch vor allem innerhalb der Europäischen Union von enormer Wichtigkeit sein, einheitliche Regelungen und Gesetzesvorschriften zu entwerfen und bestimmen, denn auch das Internet als wichtigstes Medium der Digitalisierung ist längst räumlich und zeitlich uneingeschränkt nutzbar und geht über die Staatsgrenzen hinaus. Die nationale Rechtsprechung der Bundesrepublik Deutschland wird sich daher in den nächsten Jahren stetig und zwingend an der europäischen Rechtsprechung orientieren müssen.

Die Thematik des Urheberrechts in unserer heutigen digitalen Gesellschaft ist umfangreich und komplex, trotz positiver aktueller Entwicklungen auf nationaler und europäischer politischer Ebene gibt es immer noch keine allumfassenden Lösungen für die rechtlichen Fragen und Probleme, die das Urheberrecht im Zusammenhang mit den modernen Medien, speziell dem Internet, aufwirft. Die jüngsten politischen Entscheidungen geben jedoch Mut zur Hoffnung, dass die Rechtsprechung im Urheberrecht in den nächsten Jahren an unsere digitale Gesellschaft angepasst werden wird.

Resümierend lässt sich konstatieren, dass das Urheberrecht in unserer heutigen digitalen Gesellschaft eine zentrale und sehr wichtige Rolle einnimmt und ein Großteil der Bevölkerung stetig damit in Kontakt tritt. Innerhalb unserer Gesellschaft muss sich ein deutlich stärkeres urheberrechtliches Bewusstsein bilden und entwickeln, die Menschen müssen für den Umgang mit geschützten Werken und Inhalten im Internet sensibilisiert werden und verstehen, wann und wieso eine Urheberrechtsverletzung beim täglichen Gebrauch des Internets vorliegt oder zumindest vorliegen könnte. Daher bleiben Urheberrechte im Internet ein schwieriges und sensibles Thema. Aufgrund der geteilten Interessenlage von Urhebern, die ihre Werke gefährdet sehen und einen effektiveren Schutz verlangen und der Befürworter der „Freiheit im Netz", die Beschränkungen der Nutzer verneinen und eine Reform des Urheberrechts fordern, bleibt es die Aufgabe der Politik, in Zukunft eine Lösung zu finden, die für alle Beteiligten befriedigend ausfällt und eine verständliche und gerechte Gesetzesgrundlage des Urheberrechts im Internetzeitalter schafft.

Literaturverzeichnis:

Bareiss, Andreas und Decker, Pascal, Urheber- und Geschmacksmusterrecht, 4. Auflage 03/2016 (Studienheft Nr. 088), DIPLOMA Hochschule, Bad Sooden-Allendorf 2016, 60 Seiten

Behrens, Peter, Koordinator und verantwortlich für c / o Landeszentrale für Medien und Kommunikation (LMK) Rheinland-Pfalz, Bestandteil der Initiative klicksafe im CEF (Connecting Europa Facility) Telecom Programm der Europäischen Union für mehr Sicherheit im Internet, Ludwigshafen, 2017, unter: http://www.klicksafe.de/themen/rechtsfragen-im-netz/urheberrecht/, zuletzt aufgerufen am 09. Dezember 2017

Bischoff, Thorsten, verantwortlich für die Internetredaktion des Referats Öffentlichkeitsarbeit, Pressemitteilung: Bundesregierung beschließt neues Urheberrecht zur Förderung von Bildung und Wissenschaft, Bundesministerium der Justiz und für Verbraucherschutz, Berlin, 2017, unter: http://www.bmjv.de/SharedDocs/Pressemitteilungen/DE/2017/041220 17_Urheber_Wissenschafts_Gesetz.html, zuletzt aufgerufen am 23. Dezember 2017

Bischoff, Thorsten, verantwortlich für die Internetredaktion des Referats Öffentlichkeitsarbeit, Pressemitteilung: Gesetz zur Angleichung des Urheberrechts an die aktuellen Erfordernisse der Wissensgesellschaft (UrhWissG), Bundesministerium der Justiz und für Verbraucherschutz, Berlin, 2017, unter: http://www.bmjv.de/SharedDocs/Gesetzgebungsverfahren/DE/UrhWiss G.html;jsessionid=0440396223D87B0746B23F174AD02243.1_cid324?nn =6705022, zuletzt aufgerufen am 23. Dezember 2017

Bischoff, Thorsten, verantwortlich für die Internetredaktion des Referats Öffentlichkeitsarbeit, Rede von Bundeskanzlerin Merkel zur Eröffnung der Frankfurter Buchmesse am 10. Oktober 2017 in Frankfurt am Main, Bundesministerium der Justiz und für Verbraucherschutz, Berlin 2017, unter: https://www.bundesregierung.de/Content/DE/Rede/2017/10/2017-10-11-rede-merkel-buchmesse.html, zuletzt aufgerufen am 23. Dezember 2017

Brüggemann, Sebastian, Streaming – Moderner Medienkonsum und strafrechtliche Verantwortlichkeit, in: Jura, Studium & Examen (JSE), Tübingen 2013, S. 285-301

Bundesministerium für Bildung und Forschung, Bildung, Wissenschaft und Forschung im Zeitalter der Digitalisierung: Modernisierung des Urheberrechts beschlossen, Referat D1 – Grundsatzfragen und Rahmenbedingungen des Digitalen Wandels, Berlin 2017, unter: https://www.bildung-forschung.digital/de/bildung-wissenschaft-und-forschung-im-zeitalter-der-digitalisierung-modernisierung-des-1964.html, zuletzt aufgerufen am 23. Dezember 2017

Bundesrepublik Deutschland, vertreten durch das Bundesministerium der Justiz und für Verbraucherschutz, vertreten durch den Bundesminister der Justiz und für Verbraucherschutz, Gesetze im Internet, Gesetz über Urheberrecht und verwandte Schutzrecht, Berlin, 2017, unter: https://www.gesetze-im-internet.de/urhg/index.html, zuletzt aufgerufen am 20. Dezember 2017

Bürgerliches Gesetzbuch (BGB), 80. Auflage 2017, dtv Verlagsgesellschaft, 944 Seiten

Busch, Thomas, Zur urheberrechtlichen Einordnung der Nutzung von Streaming-Angeboten, Gewerblicher Rechtsschutz und Urheberrecht (GRUR), Köln 2011, S. 496-503

Deppenheuer, Otto und Pfeifer, Karl-Nikolaus, Geistiges Eigentum: Schutzrecht oder Ausbeutungstitel? Zustand und Entwicklungen im Zeitalter von Digitalisierung und Globalisierung, Springer Verlag, Köln, 2007, 224 Seiten

Dreier, Thomas und Schulze, Gernot, Kommentar zum Urheberrechtsgesetz: UrhG, 5. Auflage, C.H. Beck Verlag, München, 2015, 2.323 Seiten

Eichhorn, Bert, Heinze, Björn, Tamm, Gerrit und Schuhmann, Ralph, Internetrecht im E-Commerce, Springer Vieweg Verlag, Berlin und Heidelberg, 2016, 206 Seiten

Ensthaler, Jürgen und Weidert, Stefan, Urheberrecht und Internet, Fachmedien Recht und Wirtschaft, Berlin, 2017, 720 Seiten

Europäische Kommission, Pressemitteilung zur Lage der Union 2016: Kommission schlägt moderne Urheberrechtsvorschriften für die EU vor, damit die Kultur in Europa gedeihen und kulturelle Inhalte besser verbreitet werden können, Straßburg 2016, unter: http://europa.eu/rapid/press-release_IP-16-3010_de.htm zuletzt aufgerufen am 27. Dezember 2017

Europäisches Parlament, Entwurf eines Berichts über die Umsetzung der RL 2001/29/EG des Europäischen Parlaments und des Rates vom 22. Mai 2001 zur Harmonisierung bestimmter Aspekte des Urheberrechts und der verwandten Schutzrechte in der Informationsgesellschaft (2014/2256(INI) vom 15.1.2015, in deutscher Übersetzung abrufbar unter: http://www.europarl.europa.eu/sides/getDoc.do?type=COMPARL&reference=PE-546.580&format=PDF&language=DE&secondRef=02 zuletzt aufgerufen am 27. Dezember 2017

Europäisches Parlament, Entschließung des Europäischen Parlaments vom 9. Juli 2015 zur Umsetzung der RL 2001/29/EG des Europäischen Parlaments und des Rates vom 22. Mai 2001 zur Harmonisierung bestimmter Aspekte des Urheberrechts und der verwandten Schutzrechte in der Informationsgesellschaft (2014/2256(INI), in deutscher Übersetzung abrufbar unter: http://www.europarl.europa.eu/sides/getDoc.do?pubRef=-//EP//NONSGML+TA+P8-TA-2015-0273+0+DOC+PDF+V0//DE zuletzt aufgerufen am 27. Dezember 2017

Fangerow, Kathleen und Schulz, Daniela, Die Nutzung von Angeboten auf www.kino.to – Eine urheberrechtliche Analyse des Film-Streamings im Internet, in: Gewerblicher Rechtsschutz und Urheberrecht (GRUR), Köln 2010, S. 677-682

Frees, Beate und Koch, Wolfgang, Leitung Projektgruppe ARD/ZDF-Multimedia, ARD/ZDF Onlinestudie 2017, 2017, Kern-Ergebnisse der Studie unter: http://www.ard-zdf-onlinestudie.de/files/2017/Artikel/Kern-Ergebnisse_ARDZDF-Onlinestudie_2017.pdf zuletzt aufgerufen am 20. Dezember 2017

Gehring, Robert, Geschichte des Urheberrechts, Redaktion der Bundeszentrale für politische Bildung, Bonn, 2013, unter: http://www.bpb.de/gesellschaft/medien/urheberrecht/169977/geschichte-des-urheberrechts, zuletzt aufgerufen am 5. Oktober 2017

Gesetz über Urheberrecht und verwandte Schutzrechte (UrhG), 16. Auflage 2017, dtv Verlagsgesellschaft, 704 Seiten

Gramespacher, Thomas, Beschluss des OLG Rostock vom 27.06.2007 – 2 W 12/07, Onlinepublikation zum Medien- und Internetrecht, Bonn, 2007, Schriftenreihe Medien, Internet und Recht, unter: https://medien-internet-und-recht.de/volltext.php?mir_dok_id=1290, zuletzt aufgerufen am 28. November 2017

Gramespacher, Thomas, Urteil des OLG München vom 10. Mai 2007 – 29 U 1638/06, Onlinepublikation zum Medien- und Internetrecht, Bonn 2007, Schriftenreihe Medien, Internet und Recht, unter: https://medien-internet-und-recht.de/volltext.php?mir_dok_id=1295, zuletzt aufgerufen am 30. November 2017

Grundgesetz für die Bundesrepublik Deutschland (GG), 48. Auflage 2017, dtv Verlagsgesellschaft, 448 Seiten

Hetmank, Sven, Internetrecht – Grundlagen, Streitfragen, aktuelle Entwicklungen, Springer Fachmedien, Wiesbaden, 2016, 203 Seiten

Hoeren, Thomas, Internetbezogene Rechtsprobleme, 3. Auflage 03/2016 (Studienheft Nr. 097), DIPLOMA Hochschule, Bad Sooden-Allendorf 2016, 59 Seiten

Kaesler, Clemens, Recht für Medienberufe – Kompaktes Wissen zu allen rechtstypischen Fragen, 3. Überarbeitete Auflage 2013, Springer Fachmedien, Wiesbaden, 113 Seiten

Kühl, Eike und Otto, Ferdinand, EuGH erschwert illegales Streamen von Filmen, ZEIT ONLINE GmbH, Hamburg, 2017, unter: http://www.zeit.de/digital/internet/2017-04/streaming-mediaplayer-eu-recht-urheberrecht-internet-vervielfaeltigungsrecht zuletzt aufgerufen am 23. Dezember 2017

Kupferschmitt, Thomas, ZDF Medienforschung, Projektgruppe ARD/ZDF-Multimedia, Zusammenfassung des Artikels zum Onlinevideo, ARD/ZDF Onlinestudie 2017, 2017, unter: http://www.ard-zdf-onlinestudie.de/ardzdf-onlinestudie-2017/onlinevideo/, zuletzt aufgerufen am 20. Dezember 2017

Lutz, Peter, Grundriss des Urheberrechtes, 2. Auflage, C.F. Müller Verlag, Heidelberg, München und Berlin, 2013, 452 Seiten

Lühr, Rüdiger, Redaktion Initiative Urheberrecht, Abstimmung über EU-Urheberrechtsrichtlinie erst 2018, Berlin, 2017, unter: http://www.urheber.info/aktuelles/2017-11-28_abstimmung-ueber-eu-urheberrechts-richtlinie-erst-2018, zuletzt aufgerufen am 27. Dezember 2017

Mohr, Oliver, Redaktionsleitung Internet, Presse- und Informationsamt der Bundesregierung, Urheberrecht in der digitalen Welt, Berlin, 2010, unter: https://www.bundesregierung.de/Webs/Breg/DE/Bundesregierung/Bea uftragtefuerKulturund-Medien/medien/urheberrechtdigitaleWelt/_node.html, zuletzt aufgerufen am 23. Dezember 2017

Neumann, Bernd, Ohne Urheber keine kulturelle Vielfalt, Zwölf-Punkte-Papier des Staatsministers für Kultur und Medien zum Schutz des geistigen Eigentums im digitalen Zeitalter, Positionspapier, Der Beauftragte der Bundesregierung für Kultur und Medien, Berlin, 2010, unter: https://www.bundesregierung.de/Content/DE/_Anlagen/BKM/2011-12-28-positionspapier-neu.pdf?_blob=publicationFile&v=2, sowie: https://www.bundesregierung.de/Webs/Breg/DE/Bundesregierung/Bea uftragtefuerKulturund-Medien/medien/urheberrechtdigitaleWelt/_node.html, zuletzt aufgerufen am 22. Dezember 2017

Noack, Anne-Mette, Der 3. Korb des Urheberrechtsgesetzes, Börsenverein des Deutschen Buchhandels e.V., Frankfurt am Main, 2014, unter: https://www.boersenverein.de/de/404789, zuletzt aufgerufen am 23. Dezember 2017

Nöthling, Timo, Illegales Streaming: Was änderte sich seit dem EuGH-Urteil wirklich, Quotenmeter GmbH, Würzburg, 2017, unter: http://www.quotenmeter.de/n/94815/illegales-streaming-was-aenderte-sich-seit-dem-eugh-urteil-wirklich, zuletzt aufgerufen am 23. Dezember 2017

Ost, Hartmut, Presse und Information des Gerichthofs der Europäischen Union, Pressemitteilung Nr. 20/14 vom 13. Februar 2014 in der Rechtssache C-466/12 Nils Svensson u.a. / Retriever Sverige AB, Luxemburg 2014, unter: https://curia.europa.eu/jcms/upload/docs/application/pdf/2014-02/cp140020de.pdf, zuletzt aufgerufen am 30. November 2017

Ost, Hartmut, Presse und Information des Gerichthofs der Europäischen Union, Pressemitteilung Nr. 11/12 vom 16. Februar 2012 in der Rechtssache C-360/10 Belgische Vereniging van Auteurs, Componisten en Uitgevers CVBA, (SABAM) / Netlog NV, Luxemburg 2012, unter: https://curia.europa.eu/jcms/upload/docs/application/pdf/2012-02/cp120011de.pdf, zuletzt aufgerufen am 09. Dezember 2017

Ost, Harmut, Presse und Information des Gerichthofs der Europäischen Union, Pressemitteilung Nr. 40/17 vom 26. April 2017 in der Rechtssache C-527/15 Stichting Brein, Luxemburg 2017, unter: https://curia.europa.eu/jcms/upload/docs/application/pdf/2017-04/cp170040de.pdf, zuletzt aufgerufen am 22. Dezember 2017 sowie unter: http://curia.europa.eu/juris/document/document.jsf?text=&docid=190142&pageIndex=0&doclang=DE&mode=req&dir=&occ=first&part=1, zuletzt aufgerufen am 22. Dezember 2017

Pressestelle des Bundesgerichtshofs, BGH Urteil vom 21. September 2017, I ZR 11/16 – Vorschaubilder II, Mitteilung Nr. 146/2017, Karlsruhe 2017, unter: http://juris.bundesgerichtshof.de/cgi-bin/rechtsprechung/document.py?Gericht=bgh&Art=pm&Datum=2017&Sort=3&nr=79566&pos=0&anz=146&Blank=1, zuletzt aufgerufen am 30. November 2017.

Rohrlich, Michael, Social Media – Rechte und Pflichten für User, entwickler.press Verlag, Würselen, 2013, 110 Seiten

Roth, Philipp und Wiese, Jens, Redaktionsteam von allfacebook.de, ein Blog der Rising Media Ltd, Starnberg, 2017, unter http://www.allfacebook.de, zuletzt aufgerufen am 8. Dezember 2017

Ruff, Mathis, Berufsverband der Rechtsjournalisten e.V., Urheberrecht.de, Berlin 2016, unter: https://www.urheberrecht.de, zuletzt aufgerufen am 29. November 2017

Schilder, Peter, Redakteur der Frankfurter Allgemeine Zeitung GmbH, Artikel zum kino.to-Prozess, Frankfurt am Main, 2012, unter: http://www.faz.net/aktuell/feuilleton/medien/kino-to-prozess-manchmal-sogar-sehr-viel-geld-11776674-p2.html, zuletzt aufgerufen am 22. Dezember 2017

Schneider, Adrian, Vertreter für: Telemedicus e.V., Münster 2008, unter: https://www.telemedicus.info/urteile/Urheberrecht/Music-on-Demand/488-OLG-Stuttgart-Az-2-Ws-32807;-2-Ws-3282007-OEffentliche-Zugaenglichmachung-durch-Musik-on-Demand.html, zuletzt aufgerufen am 30. November 2017

Schneider, Adrian, Vertreter für: Telemedicus e.V., Münster 2008, unter: https://www.telemedicus.info/urteile/Internetrecht/Haftung-von-Webhostern/1356-OLG-Hamburg-Az-5-U-8709-Rapidshare-II.html, zuletzt aufgerufen am 30. November 2017

Schricker, Gerhard und Loewenheim, Ulrich, Kommentar zum Urheberrecht, 4. Auflage, C.H. Beck Verlag, München, 2010, 2.447 Seiten

Schröder, Jens, Artikel zur Onlinestudie zur Nutzung von Streaming-Diensten in Deutschland, Korrespondent der MEEDIA GmbH & Co. KG, Hamburg, 2017, unter: http://meedia.de/2017/10/12/streamingdienste-bei-den-14-bis-29-jaehrigen-schon-erfolgreicher-als-tv-mediatheken-netflix-bei-taeglichen-nutzern-vorn/, zuletzt aufgerufen am 18. Dezember 2017

Schwartmann, Rolf, Praxishandbuch Medien-, IT- und Urheberrecht, 3. Auflage, C.F. Müller Verlag, Heidelberg und Hamburg, 2014, 1.592 Seiten

Sindram, Tobias, ARD-Rechtsredaktion, Achtung beim Streamen, Artikel zum EuGH-Urteil, Südwestrundfunk, Stuttgart, 2017, unter: https://www.tagesschau.de/ausland/eugh-streamen-101.html, zuletzt aufgerufen am 22. Dezember 2017

Splittgerber, Andreas, Praxishandbuch Rechtsfragen Social Media, Walter de Gruyter GmbH & Co. KG Verlag, München, 2014, 512 Seiten

Stöhr, Elena, Online-Redaktion Deutscher Bibliotheksverband e.V. (dbv), Urheberrechtsreform – Weichenstellung für die Zukunft der Bibliotheksarbeit: Die Reform des Urheberrechts, Berlin, 2008, unter: http://www.bibliotheksportal.de/themen/recht/urheberrechtsreform.html, zuletzt aufgerufen am 23. Dezember 2017

Tallmo, Karl-Erik, the history of copyright: A critical overview with source texts in five languages, unter: http://www.copyrighthistory.com/quotations.html, zuletzt aufgerufen am 5. Oktober 2017

Wandtke, Artur-Axel und Bulinger, Winfried, Praxiskommentar zum Urheberrecht, 4. neu bearbeitete Auflage, C.H. Beck Verlag, München, 2014, 2.543 Seiten

Wien, Andreas, Internetrecht – eine praxisorientiere Einführung, 3. Auflage 2012, Gabler Verlag / Springer Fachmedien, Wiesbaden, 241 Seiten

Wien, Andreas, Urheberrecht und Homepage-Gestaltung, Zeitschrift: Wirtschaftsinformatik & Management, Ausgabe 1/2010, 2010, Springer Fachmedien, Wiesbaden

Ziegler, Katharina, Urheberrechtsverletzungen durch Social Sharing: Urheber- und haftungsrechtliche Aspekte sozialer Netzwerke am Beispiel der Plattform Facebook, Mohr Siebeck Verlag, Tübingen, 2016, 277 Seiten.